MALAIO
VOCABULÁRIO

PALAVRAS MAIS ÚTEIS

PORTUGUÊS MALAIO

Para alargar o seu léxico e apurar as suas competências linguísticas

5000 palavras

Vocabulário Português-Malaio - 5000 palavras
Por Andrey Taranov, Victor Pogadaev

Os vocabulários da T&P Books destinam-se a ajudar a aprender, a memorizar, e a rever palavras estrangeiras. O dicionário é dividido em temas, cobrindo todas as principais esferas de atividades quotidianas, negócios, ciência, cultura, etc.

O processo de aprendizagem, utilizando os dicionários baseados em temáticas da T&P Books dá-lhe as seguintes vantagens:

- Informação de origem corretamente agrupada predetermina o sucesso em fases subsequentes da memorização de palavras
- Disponibilização de palavras derivadas da mesma raiz, o que permite a memorização de unidades de texto (em vez de palavras separadas)
- Pequenas unidades de palavras facilitam o processo de estabelecimento de vínculos associativos necessários para a consolidação do vocabulário
- O nível de conhecimento da língua pode ser estimado pelo número de palavras aprendidas

Copyright © 2019 T&P Books Publishing

Todos os direitos reservados. Nenhuma parte desta publicação pode ser reproduzida, total ou parcialmente, por quaisquer métodos ou processos, sejam eles eletrónicos, mecânicos, de fotocópia ou outros, sem a autorização escrita do editor. Esta publicação não pode ser divulgada, copiada ou distribuída em nenhum formato.

T&P Books Publishing
www.tpbooks.com

ISBN: 978-1-78400-925-0

Este livro também está disponível em formato E-book.
Por favor visite www.tpbooks.com ou as principais livrarias on-line.

VOCABULÁRIO MALAIO
palavras mais úteis

Os vocabulários da T&P Books destinam-se a ajudar a aprender, a memorizar, e a rever palavras estrangeiras. O vocabulário contém mais de 5000 palavras de uso comum organizadas tematicamente.

O vocabulário contém as palavras mais comummente usadas
Recomendado como adicional para qualquer curso de línguas
Satisfaz as necessidades dos iniciados e dos alunos avançados de línguas estrangeiras
Conveniente para o uso diário, sessões de revisão e atividades de auto-teste
Permite avaliar o seu vocabulário

Características especias do vocabulário

- As palavras estão organizadas de acordo com o seu significado, e não por ordem alfabética
- As palavras são apresentadas em três colunas para facilitar os processos de revisão e auto-teste
- As palavras compostas são divididas em pequenos blocos para facilitar o processo de aprendizagem
- O vocabulário oferece uma transcrição simples e adequada de cada palavra estrangeira

O vocabulário contém 155 tópicos incluindo:

Conceitos básicos, Números, Cores, Meses, Estações do ano, Unidades de medida, Roupas & Acessórios, Alimentos & Nutrição, Restaurante, Membros da Família, Parentes, Caráter, Sentimentos, Emoções, Doenças, Cidade, Passeios, Compras, Dinheiro, Casa, Lar, Escritório, Trabalho no Escritório, Importação & Exportação, Marketing, Pesquisa de Emprego, Desportos, Educação, Computador, Internet, Ferramentas, Natureza, Países, Nacionalidades e muito mais ...

TABELA DE CONTEÚDOS

Guia de pronunciação	9
Abreviaturas	10

CONCEITOS BÁSICOS 11
Conceitos básicos. Parte 1 11

1. Pronomes 11
2. Cumprimentos. Saudações. Despedidas 11
3. Como se dirigir a alguém 12
4. Números cardinais. Parte 1 12
5. Números cardinais. Parte 2 13
6. Números ordinais 14
7. Números. Frações 14
8. Números. Operações básicas 14
9. Números. Diversos 14
10. Os verbos mais importantes. Parte 1 15
11. Os verbos mais importantes. Parte 2 16
12. Os verbos mais importantes. Parte 3 17
13. Os verbos mais importantes. Parte 4 18
14. Cores 19
15. Questões 19
16. Preposições 20
17. Palavras funcionais. Advérbios. Parte 1 20
18. Palavras funcionais. Advérbios. Parte 2 22

Conceitos básicos. Parte 2 24

19. Dias da semana 24
20. Horas. Dia e noite 24
21. Meses. Estações 25
22. Unidades de medida 27
23. Recipientes 28

O SER HUMANO 29
O ser humano. O corpo 29

24. Cabeça 29
25. Corpo humano 30

Vestuário & Acessórios 31

26. Roupa exterior. Casacos 31
27. Vestuário de homem & mulher 31

4

28. Vestuário. Roupa interior 32
29. Adereços de cabeça 32
30. Calçado 32
31. Acessórios pessoais 33
32. Vestuário. Diversos 33
33. Cuidados pessoais. Cosméticos 34
34. Relógios de pulso. Relógios 35

Alimentação. Nutrição 36

35. Comida 36
36. Bebidas 37
37. Vegetais 38
38. Frutos. Nozes 39
39. Pão. Bolaria 40
40. Pratos cozinhados 40
41. Especiarias 41
42. Refeições 42
43. Por a mesa 43
44. Restaurante 43

Família, parentes e amigos 44

45. Informação pessoal. Formulários 44
46. Membros da família. Parentes 44

Medicina 46

47. Doenças 46
48. Sintomas. Tratamentos. Parte 1 47
49. Sintomas. Tratamentos. Parte 2 48
50. Sintomas. Tratamentos. Parte 3 49
51. Médicos 50
52. Medicina. Drogas. Acessórios 50

HABITAT HUMANO 52
Cidade 52

53. Cidade. Vida na cidade 52
54. Instituições urbanas 53
55. Sinais 54
56. Transportes urbanos 55
57. Turismo 56
58. Compras 57
59. Dinheiro 58
60. Correios. Serviço postal 59

Moradia. Casa. Lar 60

61. Casa. Eletricidade 60

62. Moradia. Mansão	60
63. Apartamento	60
64. Mobiliário. Interior	61
65. Quarto de dormir	62
66. Cozinha	62
67. Casa de banho	63
68. Eletrodomésticos	64

ATIVIDADES HUMANAS 65

Emprego. Negócios. Parte 1 65

69. Escritório. O trabalho no escritório	65
70. Processos negociais. Parte 1	66
71. Processos negociais. Parte 2	67
72. Produção. Trabalhos	68
73. Contrato. Acordo	69
74. Importação & Exportação	70
75. Finanças	70
76. Marketing	71
77. Publicidade	72
78. Banca	72
79. Telefone. Conversação telefónica	73
80. Telefone móvel	74
81. Estacionário	74
82. Tipos de negócios	75

Emprego. Negócios. Parte 2 77

83. Espetáculo. Feira	77
84. Ciência. Investigação. Cientistas	78

Profissões e ocupações 80

85. Procura de emprego. Demissão	80
86. Gente de negócios	80
87. Profissões de serviços	81
88. Profissões militares e postos	82
89. Oficiais. Padres	83
90. Profissões agrícolas	83
91. Profissões artísticas	84
92. Várias profissões	84
93. Ocupações. Estatuto social	86

Educação 87

94. Escola	87
95. Colégio. Universidade	88
96. Ciências. Disciplinas	89
97. Sistema de escrita. Ortografia	89
98. Línguas estrangeiras	90

| Descanso. Entretenimento. Viagens | 92 |

| 99. Viagens | 92 |
| 100. Hotel | 92 |

EQUIPAMENTO TÉCNICO. TRANSPORTES   94
Equipamento técnico. Transportes   94

101. Computador	94
102. Internet. E-mail	95
103. Eletricidade	96
104. Ferramentas	96

| **Transportes** | 99 |

105. Avião	99
106. Comboio	100
107. Barco	101
108. Aeroporto	102

| **Eventos** | 104 |

109. Férias. Evento	104
110. Funerais. Enterro	105
111. Guerra. Soldados	105
112. Guerra. Ações militares. Parte 1	106
113. Guerra. Ações militares. Parte 2	108
114. Armas	109
115. Povos da antiguidade	111
116. Idade média	111
117. Líder. Chefe. Autoridades	113
118. Viloação da lei. Criminosos. Parte 1	114
119. Viloação da lei. Criminosos. Parte 2	115
120. Polícia. Lei. Parte 1	116
121. Polícia. Lei. Parte 2	117

NATUREZA   119
A Terra. Parte 1   119

122. Espaço sideral	119
123. A Terra	120
124. Pontos cardeais	121
125. Mar. Oceano	121
126. Nomes de Mares e Oceanos	122
127. Montanhas	123
128. Nomes de montanhas	124
129. Rios	124
130. Nomes de rios	125
131. Floresta	125
132. Recursos naturais	126

A Terra. Parte 2   128

133. Tempo   128
134. Tempo extremo. Catástrofes naturais   129

Fauna   130

135. Mamíferos. Predadores   130
136. Animais selvagens   130
137. Animais domésticos   131
138. Pássaros   132
139. Peixes. Animais marinhos   134
140. Anfíbios. Répteis   134
141. Insetos   135

Flora   136

142. Árvores   136
143. Arbustos   136
144. Frutos. Bagas   137
145. Flores. Plantas   138
146. Cereais, grãos   139

PAÍSES. NACIONALIDADES   140

147. Europa Ocidental   140
148. Europa Central e de Leste   140
149. Países da ex-URSS   141
150. Asia   141
151. América do Norte   142
152. América Central do Sul   142
153. Africa   142
154. Austrália. Oceania   143
155. Cidades   143

GUIA DE PRONUNCIAÇÃO

Alfabeto fonético T&P	Exemplo Malaio	Exemplo Português

Vogais

[a]	naskhah [naskah]	chamar
[e]	lebar [lebar]	metal
[ɛ]	teman [tɛman]	mesquita
[i]	lidah [lidah]	sinónimo
[o]	blok [blok]	lobo
[u]	kebun [kɛbun]	bonita

Consoantes

[b]	burung [buruŋ]	barril
[d]	dunia [dunia]	dentista
[dʒ]	panjang [pandʒaŋ]	adjetivo
[f]	platform [platform]	safári
[g]	granit [granit]	gosto
[ɣ]	spaghetti [spaɣeti]	agora
[j]	layar [lajar]	géiser
[h]	matahari [matahari]	[h] aspirada
[k]	mekanik [mekanik]	kiwi
[l]	lelaki [lɛlaki]	libra
[m]	memukul [mɛmukul]	magnólia
[n]	nenek [nenek]	natureza
[ŋ]	gunung [gunuŋ]	alcançar
[p]	pemuda [pɛmuda]	presente
[r]	rakyat [rakjat]	riscar
[s]	sembuh [sɛmbuh]	sanita
[ʃ]	champagne [ʃampejn]	mês
[t]	matematik [matɛmatik]	tulipa
[x]	akhirat [axirat]	fricativa uvular surda
[tʃ]	cacing [tʃatʃiŋ]	Tchau!
[ɕ]	syurga [ɕurga]	shiatsu
[v]	Taiwan [tajvan]	fava
[z]	zuriat [zuriat]	sésamo
[w]	penguasa [pɛŋwasa]	página web

ABREVIATURAS
usadas no vocabulário

Abreviaturas do Português

adj	-	adjetivo
adv	-	advérbio
anim.	-	animado
conj.	-	conjunção
desp.	-	desporto
etc.	-	etecetra
ex.	-	por exemplo
f	-	nome feminino
f pl	-	feminino plural
fem.	-	feminino
inanim.	-	inanimado
m	-	nome masculino
m pl	-	masculino plural
m, f	-	masculino, feminino
masc.	-	masculino
mat.	-	matemática
mil.	-	militar
pl	-	plural
prep.	-	preposição
pron.	-	pronome
sb.	-	sobre
sing.	-	singular
v aux	-	verbo auxiliar
vi	-	verbo intransitivo
vi, vt	-	verbo intransitivo, transitivo
vr	-	verbo reflexivo
vt	-	verbo transitivo

CONCEITOS BÁSICOS

Conceitos básicos. Parte 1

1. Pronomes

eu	saya, aku	[saja], [aku]
tu	awak	[avak]
ele, ela	dia, ia	[dia], [ia]
nós	kami, kita	[kami], [kita]
vocês	kamu	[kamu]
você (sing.)	anda	[anda]
você (pl)	anda	[anda]
eles, elas (inanim.)	ia	[ia]
eles, elas (anim.)	mereka	[mɛreka]

2. Cumprimentos. Saudações. Despedidas

Olá!	Helo!	[helo]
Bom dia! (formal)	Helo!	[helo]
Bom dia! (de manhã)	Selamat pagi!	[sɛlamat pagi]
Boa tarde!	Selamat petang!	[sɛlamat pɛtaŋ]
Boa noite!	Selamat petang!	[sɛlamat pɛtaŋ]
cumprimentar (vt)	bersapa	[bɛrsapa]
Olá!	Hai!	[haj]
saudação (f)	sambutan	[sambutan]
saudar (vt)	menyambut	[mɛnjambut]
Como vai?	Apa khabar?	[apa kabar]
O que há de novo?	Apa yang baru?	[apa jaŋ baru]
Até à vista!	Sampai jumpa lagi!	[sampaj dʒumpa lagi]
Até breve!	Sampai jumpa lagi!	[sampaj dʒumpa lagi]
Adeus!	Selamat tinggal!	[sɛlamat tiŋgal]
despedir-se (vr)	minta diri	[minta diri]
Até logo!	Jumpa lagi!	[dʒumpa lagi]
Obrigado! -a!	Terima kasih!	[tɛrima kasih]
Muito obrigado! -a!	Terima kasih banyak!	[tɛrima kasih banjak]
De nada	Sama-sama	[sama sama]
Não tem de quê	Sama-sama!	[sama sama]
De nada	Sama-sama	[sama sama]
Desculpa!	Maaf!	[maaf]
Desculpe!	Minta maaf!	[minta maaf]

desculpar (vt)	memaafkan	[mɛmaafkan]
desculpar-se (vr)	minta maaf	[minta maaf]
As minhas desculpas	Maafkan saya	[maafkan saja]
Desculpe!	Maaf!	[maaf]
perdoar (vt)	memaafkan	[mɛmaafkan]
Não faz mal	Tidak apa-apa!	[tidak apa apa]
por favor	sila, tolong	[sila], [toloŋ]
Não se esqueça!	Jangan lupa!	[dʒaŋan lupa]
Certamente! Claro!	Tentu!	[tɛntu]
Claro que não!	Tentu tidak!	[tɛntu tidak]
Está bem! De acordo!	Setuju!	[sɛtudʒu]
Basta!	Cukuplah!	[tʃukuplah]

3. Como se dirigir a alguém

Desculpe (para chamar a atenção)	Minta maaf!	[minta maaf]
senhor	tuan	[tuan]
senhora	puan	[puan]
rapariga	gadis, cik	[gadis], [tʃik]
rapaz	orang muda	[oraŋ muda]
menino	budak lelaki	[budak lɛlaki]
menina	gadis kecil	[gadis kɛtʃil]

4. Números cardinais. Parte 1

zero	sifar	[sifar]
um	satu	[satu]
dois	dua	[dua]
três	tiga	[tiga]
quatro	empat	[ɛmpat]
cinco	lima	[lima]
seis	enam	[ɛnam]
sete	tujuh	[tudʒuh]
oito	lapan	[lapan]
nove	sembilan	[sɛmbilan]
dez	sepuluh	[sɛpuluh]
onze	sebelas	[sɛblas]
doze	dua belas	[dua blas]
treze	tiga belas	[tiga blas]
catorze	empat belas	[ɛmpat blas]
quinze	lima belas	[lima blas]
dezasseis	enam belas	[ɛnam blas]
dezassete	tujuh belas	[tudʒuh blas]
dezoito	lapan belas	[lapan blas]
dezanove	sembilan belas	[sɛmbilan blas]
vinte	dua puluh	[dua puluh]
vinte e um	dua puluh satu	[dua puluh satu]

vinte e dois	dua puluh dua	[dua puluh dua]
vinte e três	dua puluh tiga	[dua puluh tiga]
trinta	tiga puluh	[tiga puluh]
trinta e um	tiga puluh satu	[tiga puluh satu]
trinta e dois	tiga puluh dua	[tiga puluh dua]
trinta e três	tiga puluh tiga	[tiga puluh tiga]
quarenta	empat puluh	[ɛmpat puluh]
quarenta e um	empat puluh satu	[ɛmpat puluh satu]
quarenta e dois	empat puluh dua	[ɛmpat puluh dua]
quarenta e três	empat puluh tiga	[ɛmpat puluh tiga]
cinquenta	lima puluh	[lima puluh]
cinquenta e um	lima puluh satu	[lima puluh satu]
cinquenta e dois	lima puluh dua	[lima puluh dua]
cinquenta e três	lima puluh tiga	[lima puluh tiga]
sessenta	enam puluh	[ɛnam puluh]
sessenta e um	enam puluh satu	[ɛnam puluh satu]
sessenta e dois	enam puluh dua	[ɛnam puluh dua]
sessenta e três	enam puluh tiga	[ɛnam puluh tiga]
setenta	tujuh puluh	[tudʒuh puluh]
setenta e um	tujuh puluh satu	[tudʒuh puluh satu]
setenta e dois	tujuh puluh dua	[tudʒuh puluh dua]
setenta e três	tujuh puluh tiga	[tudʒuh puluh tiga]
oitenta	lapan puluh	[lapan puluh]
oitenta e um	lapan puluh satu	[lapan puluh satu]
oitenta e dois	lapan puluh dua	[lapan puluh dua]
oitenta e três	lapan puluh tiga	[lapan puluh tiga]
noventa	sembilan puluh	[sɛmbilan puluh]
noventa e um	sembulan puluh satu	[sɛmbulan puluh satu]
noventa e dois	sembilan puluh dua	[sɛmbilan puluh dua]
noventa e três	sembilan puluh tiga	[ɛembilan puluh tiga]

5. Números cardinais. Parte 2

cem	seratus	[sɛratus]
duzentos	dua ratus	[dua ratus]
trezentos	tiga ratus	[tiga ratus]
quatrocentos	empat ratus	[ɛmpat ratus]
quinhentos	lima ratus	[lima ratus]
seiscentos	enam ratus	[ɛnam ratus]
setecentos	tujuh ratus	[tudʒuh ratus]
oitocentos	lapan ratus	[lapan ratus]
novecentos	sembilan ratus	[sɛmbilan ratus]
mil	seribu	[sɛribu]
dois mil	dua ribu	[dua ribu]
De quem são ...?	tiga ribu	[tiga ribu]

dez mil	sepuluh ribu	[sɛpuluh ribu]
cem mil	seratus ribu	[sɛratus ribu]
um milhão	juta	[dʒuta]
mil milhões	billion	[billion]

6. Números ordinais

primeiro	pertama	[pɛrtama]
segundo	kedua	[kɛdua]
terceiro	ketiga	[kɛtiga]
quarto	keempat	[kɛɛmpat]
quinto	kelima	[kɛlima]
sexto	keenam	[kɛɛnam]
sétimo	ketujuh	[kɛtudʒuh]
oitavo	kelapan	[kɛlapan]
nono	kesembilan	[kɛsɛmbilan]
décimo	kesepuluh	[kɛsɛpuluh]

7. Números. Frações

fração (f)	pecahan	[pɛtʃahan]
um meio	seperdua	[sɛpɛrdua]
um terço	sepertiga	[sɛpɛrtiga]
um quarto	seperempat	[sɛpɛrɛmpat]
um oitavo	seperlapan	[sɛpɛrlapan]
um décimo	sepersepuluh	[sɛpɛrsɛpuluh]
dois terços	dua pertiga	[dua pɛrtiga]
três quartos	tiga suku	[tiga suku]

8. Números. Operações básicas

subtração (f)	kira-kira tolak	[kira kira tolak]
subtrair (vi, vt)	tolak	[tolak]
divisão (f)	pembahagian	[pɛmbahagian]
dividir (vt)	membahagi	[mɛmbahagi]
adição (f)	campuran	[tʃampuran]
somar (vt)	mencampurkan	[mɛntʃampurkan]
adicionar (vt)	menambah	[mɛnambah]
multiplicação (f)	pendaraban	[pɛndaraban]
multiplicar (vt)	mengalikan	[mɛŋalikan]

9. Números. Diversos

algarismo, dígito (m)	angka	[aŋka]
número (m)	nombor	[nombor]

numeral (m)	kata bilangan	[kata bilaŋan]
menos (m)	minus	[minus]
mais (m)	plus	[plus]
fórmula (f)	formula, rumus	[formula], [rumus]

cálculo (m)	penghitungan	[pɛŋɣituŋan]
contar (vt)	menghitung	[mɛŋɣituŋ]
calcular (vt)	menghitung	[mɛŋɣituŋ]
comparar (vt)	membandingkan	[mɛmbandiŋkan]

Quanto, -os, -as?	Berapa?	[brapa]
soma (f)	jumlah	[dʒumlah]
resultado (m)	hasil	[hasil]
resto (m)	sisa, baki	[sisa], [baki]

alguns, algumas ...	beberapa	[bɛbrapa]
um pouco de ...	sedikit	[sɛdikit]
resto (m)	bakinya	[bakinja]
um e meio	satu setengah	[satu sɛtɛŋah]
dúzia (f)	dozen	[dozen]

ao meio	dua	[dua]
em partes iguais	rata	[rata]
metade (f)	setengah	[sɛtɛŋah]
vez (f)	kali	[kali]

10. Os verbos mais importantes. Parte 1

abrir (vt)	membuka	[mɛmbuka]
acabar, terminar (vt)	menamatkan	[mɛnamatkan]
aconselhar (vt)	menasihatkan	[mɛnasihatkan]
adivinhar (vt)	meneka	[mɛnɛka]
advertir (vt)	memperingati	[mɛmpɛriŋati]

ajudar (vt)	membantu	[mɛmbantu]
almoçar (vi)	makan tengah hari	[makan tɛŋah hari]
alugar (~ um apartamento)	menyewa	[mɛnjeva]
amar (vt)	mencintai	[mɛntʃintai]
ameaçar (vt)	mengugut	[mɛŋugut]

anotar (escrever)	mencatat	[mɛntʃatat]
apanhar (vt)	menangkap	[mɛnaŋkap]
apressar-se (vr)	tergesa-gesa	[tɛrgɛsa gɛsa]
arrepender-se (vr)	terkilan	[tɛrkilan]
assinar (vt)	menandatangani	[mɛnandataŋani]

atirar, disparar (vi)	menembak	[mɛnembak]
brincar (vi)	berjenaka	[bɛrdʒɛnaka]
brincar, jogar (crianças)	bermain	[bɛrmajn]
buscar (vt)	mencari	[mɛntʃari]
caçar (vi)	memburu	[mɛmburu]

cair (vi)	jatuh	[dʒatuh]
cavar (vt)	menggali	[mɛŋgali]

cessar (vt)	memberhentikan	[mɛmbɛrhɛntikan]
chamar (~ por socorro)	memanggil	[mɛmaŋgil]
chegar (vi)	datang	[dataŋ]
chorar (vi)	menangis	[mɛnaŋis]

começar (vt)	memulakan	[mɛmulakan]
comparar (vt)	membandingkan	[mɛmbandiŋkan]
compreender (vt)	memahami	[mɛmahami]
concordar (vi)	setuju	[sɛtudʒu]
confiar (vt)	mempercayai	[mɛmpɛrtʃajai]

confundir (equivocar-se)	mengelirukan	[mɛŋɛlirukan]
conhecer (vt)	kenal	[kɛnal]
contar (fazer contas)	menghitung	[mɛŋɣituŋ]
contar com (esperar)	mengharapkan	[mɛŋɣarapkan]
continuar (vt)	meneruskan	[mɛnɛruskan]

controlar (vt)	mengawal	[mɛŋaval]
convidar (vt)	menjemput	[mɛndʒɛmput]
correr (vi)	lari	[lari]
criar (vt)	menciptakan	[mɛntʃiptakan]
custar (vt)	berharga	[bɛrharga]

11. Os verbos mais importantes. Parte 2

dar (vt)	memberi	[mɛmbri]
dar uma dica	memberi bayangan	[mɛmbri bajaŋan]
decorar (enfeitar)	menghiasi	[mɛŋɣiasi]
defender (vt)	membela	[mɛmbɛla]
deixar cair (vt)	tercicir	[tɛrtʃitʃir]

descer (para baixo)	turun	[turun]
desculpar (vt)	memaafkan	[mɛmaafkan]
desculpar-se (vr)	minta maaf	[minta maaf]
dirigir (~ uma empresa)	memimpin	[mɛmimpin]
discutir (notícias, etc.)	membincangkan	[mɛmbintʃaŋkan]
dizer (vt)	berkata	[bɛrkata]

duvidar (vt)	ragu-ragu	[ragu ragu]
encontrar (achar)	menemui	[mɛnɛmui]
enganar (vt)	menipu	[mɛnipu]
entrar (na sala, etc.)	masuk	[masuk]
enviar (uma carta)	mengirim	[mɛŋirim]

errar (equivocar-se)	salah	[salah]
escolher (vt)	memilih	[mɛmilih]
esconder (vt)	menyorokkan	[mɛnjorokkan]
escrever (vt)	menulis	[mɛnulis]
esperar (o autocarro, etc.)	menunggu	[mɛnuŋgu]

esperar (ter esperança)	harap	[harap]
esquecer (vt)	melupakan	[mɛlupakan]
estar (vi)	sedang	[sɛdaŋ]
estudar (vt)	mempelajari	[mɛmpɛladʒari]

exigir (vt)	menuntut	[mɛnuntut]
existir (vi)	wujud	[vudʒud]

explicar (vt)	menjelaskan	[mɛndʒɛlaskan]
falar (vi)	bercakap	[bɛrtʃakap]
faltar (clases, etc.)	meninggalkan	[mɛniŋgalkan]
fazer (vt)	membuat	[mɛmbuat]
ficar em silêncio	diam	[diam]
gabar-se, jactar-se (vr)	bercakap besar	[bɛrtʃakap bɛsar]
gostar (apreciar)	suka	[suka]
gritar (vi)	berteriak	[bɛrtɛriak]
guardar (cartas, etc.)	menyimpan	[mɛnjimpan]
informar (vt)	memberitahu	[mɛmbritahu]
insistir (vi)	mendesak	[mɛndɛsak]

insultar (vt)	menghina	[mɛŋɣina]
interessar-se (vr)	menaruh minat	[mɛnaruh minat]
ir (a pé)	berjalan	[bɛrdʒalan]
ir nadar	mandi	[mandi]
jantar (vi)	makan malam	[makan malam]

12. Os verbos mais importantes. Parte 3

ler (vt)	membaca	[mɛmbatʃa]
libertar (cidade, etc.)	membebaskan	[mɛmbebaskan]
matar (vt)	membunuh	[mɛmbunuh]
mencionar (vt)	menyebut	[mɛnjebut]
mostrar (vt)	menunjukkan	[mɛnundʒukkan]

mudar (modificar)	mengubah	[mɛŋubah]
nadar (vi)	berenang	[bɛrɛnaŋ]
negar-se a ...	menolak	[mɛnolak]
objetar (vt)	membantah	[mɛmbantah]

observar (vt)	menyaksikan	[mɛnjaksikan]
ordenar (mil.)	memerintah	[mɛmɛrintah]
ouvir (vt)	mendengar	[mɛndɛŋar]
pagar (vt)	membayar	[mɛmbajar]
parar (vi)	berhenti	[bɛrhɛnti]

participar (vi)	menyertai	[mɛnjertai]
pedir (comida)	menempah	[mɛnɛmpah]
pedir (um favor, etc.)	meminta	[mɛminta]
pegar (tomar)	mengambil	[mɛŋambil]
pensar (vt)	berfikir	[bɛrfikir]

perceber (ver)	memerhatikan	[mɛmɛrhatikan]
perdoar (vt)	memaafkan	[mɛmaafkan]
perguntar (vt)	menyoal	[mɛnjoal]
permitir (vt)	mengizinkan	[mɛŋizinkan]
pertencer a ...	kepunyaan	[kɛpunjaan]

planear (vt)	merancang	[mɛrantʃaŋ]
poder (vi)	boleh	[bole]

possuir (vt)	memiliki	[mɛmiliki]
preferir (vt)	lebih suka	[lɛbih suka]
preparar (vt)	memasak	[mɛmasak]

prever (vt)	menjangkakan	[mɛndʒaŋkakan]
prometer (vt)	menjanji	[mɛndʒandʒi]
pronunciar (vt)	menyebut	[mɛnjebut]
propor (vt)	mencadangkan	[mɛntʃadaŋkan]
punir (castigar)	menghukum	[mɛŋɣukum]

13. Os verbos mais importantes. Parte 4

quebrar (vt)	memecahkan	[mɛmɛtʃahkan]
queixar-se (vr)	mengadu	[mɛŋadu]
querer (desejar)	mahu, hendak	[mahu], [hɛndak]
recomendar (vt)	menasihatkan	[mɛnasihatkan]
repetir (dizer outra vez)	mengulang	[mɛŋulaŋ]

repreender (vt)	memarahi	[mɛmarahi]
reservar (~ um quarto)	menempah	[mɛnɛmpah]
responder (vt)	menjawab	[mɛndʒavab]
rezar, orar (vi)	bersembahyang	[bɛrsɛmbahjaŋ]
rir (vi)	ketawa	[kɛtava]

roubar (vt)	mencuri	[mɛntʃuri]
saber (vt)	tahu	[tahu]
sair (~ de casa)	keluar	[kɛluar]
salvar (vt)	menyelamatkan	[mɛnjelamatkan]
seguir ...	mengikuti	[mɛŋikuti]

sentar-se (vr)	duduk	[duduk]
ser (vi)	ialah	[ialah]
ser necessário	diperlukan	[dipɛrlukan]
significar (vt)	bererti	[bɛrɛrti]

sorrir (vi)	senyum	[sɛnjum]
subestimar (vt)	memperkecilkan	[mɛmpɛrkɛtʃilkan]
surpreender-se (vr)	hairan	[hajran]
tentar (vt)	mencuba	[mɛntʃuba]

ter fome	lapar	[lapar]
ter medo	takut	[takut]
ter sede	haus	[haus]

tocar (com as mãos)	menyentuh	[mɛnjentuh]
tomar o pequeno-almoço	makan pagi	[makan pagi]
trabalhar (vi)	bekerja	[bɛkɛrdʒa]
traduzir (vt)	menterjemahkan	[mɛntɛrdʒɛmahkan]
unir (vt)	menyatukan	[mɛnjatukan]

vender (vt)	menjual	[mɛndʒual]
ver (vt)	melihat	[mɛlihat]
virar (ex. ~ à direita)	membelok	[mɛmblok]
voar (vi)	terbang	[tɛrbaŋ]

14. Cores

cor (f)	warna	[varna]
matiz (m)	sisip warna	[sisip varna]
tom (m)	warna	[varna]
arco-íris (m)	pelangi	[pɛlaŋi]
branco	putih	[putih]
preto	hitam	[hitam]
cinzento	abu-abu	[abu abu]
verde	hijau	[hidʒau]
amarelo	kuning	[kuniŋ]
vermelho	merah	[merah]
azul	biru	[biru]
azul claro	biru muda	[biru muda]
rosa	merah jambu	[merah dʒambu]
laranja	oren, jingga	[oren], [dʒiŋga]
violeta	ungu	[uŋu]
castanho	coklat	[tʃoklat]
dourado	emas	[ɛmas]
prateado	keperak-perakan	[kɛperak perakan]
bege	kuning air	[kuniŋ air]
creme	putih kuning	[putih kuniŋ]
turquesa	firus	[firus]
vermelho cereja	merah ceri	[merah tʃeri]
lilás	ungu	[uŋu]
carmesim	merah lembayung	[merah lɛmbajuŋ]
claro	terang	[tɛraŋ]
escuro	gelap	[glap]
vivo	berkilau	[bɛrkilau]
de cor	berwarna	[bɛrvarna]
a cores	berwarna	[bɛrvarna]
preto e branco	hitam-putih	[hitam putih]
unicolor	polos	[polos]
multicor	beraneka warna	[bɛraneka varna]

15. Questões

Quem?	Siapa?	[siapa]
Que?	Apa?	[apa]
Onde?	Di mana?	[di mana]
Para onde?	Ke mana?	[kɛ mana]
De onde?	Dari mana?	[dari mana]
Quando?	Bila?	[bila]
Para quê?	Untuk apa?	[untuk apa]
Porquê?	Mengapa?	[mɛŋapa]
Para quê?	Untuk apa?	[untuk apa]

Como?	Bagaimana?	[bagajmana]
Qual?	Apa? Yang mana?	[apa], [jaŋ mana]
Qual? (entre dois ou mais)	Yang mana?	[jaŋ mana]

A quem?	Kepada siapa?	[kɛpada siapa]
Sobre quem?	Tentang siapa?	[tɛntaŋ siapa]
Do quê?	Tentang apa?	[tɛntaŋ apa]
Com quem?	Dengan siapa?	[dɛŋan siapa]

| Quanto, -os, -as? | Berapa? | [brapa] |
| De quem? | Siapa punya? | [siapa punja] |

16. Preposições

com (prep.)	bersama dengan	[bɛrsama dɛŋan]
sem (prep.)	tanpa	[tanpa]
a, para (exprime lugar)	ke	[kɛ]
sobre (ex. falar ~)	tentang	[tɛntaŋ]
antes de ...	sebelum	[sɛbɛlum]
diante de ...	di depan	[di dɛpan]

sob (debaixo de)	di bawah	[di bavah]
sobre (em cima de)	di atas	[di atas]
sobre (~ a mesa)	di atas	[di atas]
de (vir ~ Lisboa)	dari	[dari]
de (feito ~ pedra)	daripada	[daripada]

| dentro de (~ dez minutos) | selepas | [sɛlɛpas] |
| por cima de ... | melalui | [mɛlalui] |

17. Palavras funcionais. Advérbios. Parte 1

Onde?	Di mana?	[di mana]
aqui	di sini	[di sini]
lá, ali	di situ	[di situ]

| em algum lugar | pada sesuatu tempat | [pada sɛsuatu tɛmpat] |
| em lugar nenhum | tak di mana-mana | [tak di mana mana] |

| ao pé de ... | dekat, kat | [dɛkat], [kat] |
| ao pé da janela | kat tingkap | [kat tiŋkap] |

Para onde?	Ke mana?	[kɛ mana]
para cá	ke sini	[kɛ sini]
para lá	ke situ	[kɛ situ]
daqui	dari sini	[dari sini]
de lá, dali	dari situ	[dari situ]

perto	dekat	[dɛkat]
longe	jauh	[dʒauh]
perto de ...	dekat	[dɛkat]
ao lado de	dekat	[dɛkat]

perto, não fica longe	tidak jauh	[tidak dʒauh]
esquerdo	kiri	[kiri]
à esquerda	di kiri	[di kiri]
para esquerda	ke kiri	[kɛ kiri]
direito	kanan	[kanan]
à direita	di kanan	[di kanan]
para direita	ke kanan	[kɛ kanan]
à frente	di depan	[di dɛpan]
da frente	depan	[dɛpan]
em frente (para a frente)	ke depan	[kɛ dɛpan]
atrás de ...	di belakang	[di blakaŋ]
por detrás (vir ~)	dari belakang	[dari blakaŋ]
para trás	mundur	[mundur]
meio (m), metade (f)	tengah	[tɛŋah]
no meio	di tengah	[di tɛŋah]
de lado	dari sisi	[dari sisi]
em todo lugar	di mana-mana	[di mana mana]
ao redor (olhar ~)	di sekitar	[di sɛkitar]
de dentro	dari dalam	[dari dalam]
para algum lugar	entah ke mana	[ɛntah kɛ mana]
diretamente	terus	[trus]
de volta	balik	[balik]
de algum lugar	dari sesuatu tempat	[dari sɛsuatu tɛmpat]
de um lugar	entah dari mana	[ɛntah dari mana]
em primeiro lugar	pertama	[pɛrtama]
em segundo lugar	kedua	[kɛdua]
em terceiro lugar	ketiga	[kɛtiga]
de repente	tiba-tiba	[tiba tiba]
no início	mula-mula	[mula mula]
pela primeira vez	pertama kali	[pɛrtama kali]
muito antes de ...	lama sebelum	[lama sɛbɛlum]
de novo, novamente	semula	[sɛmula]
para sempre	untuk selama-lamanya	[untuk sɛlama lamanja]
nunca	tidak sekali-kali	[tidak sɛkali kali]
de novo	lagi, semula	[lagi], [sɛmula]
agora	sekarang, kini	[sɛkaraŋ], [kini]
frequentemente	seringkali	[sɛriŋkali]
então	ketika itu	[kɛtika itu]
urgentemente	segera	[sɛgɛra]
usualmente	biasanya	[bijasanja]
a propósito, ...	oh ya	[o ja]
é possível	mungkin	[muŋkin]
provavelmente	mungkin	[muŋkin]
talvez	mungkin	[muŋkin]
além disso, ...	selain itu	[sɛlajn itu]

por isso …	kerana itu	[krana itu]
apesar de …	meskipun	[mɛskipun]
graças a …	berkat	[bɛrkat]

que (pron.)	apa	[apa]
que (conj.)	bahawa	[bahva]
algo	sesuatu	[sɛsuatu]
alguma coisa	sesuatu	[sɛsuatu]
nada	tidak apa-apa	[tidak apa apa]

quem	siapa	[siapa]
alguém (~ teve uma ideia …)	seseorang	[sɛsɛoraŋ]
alguém	seseorang	[sɛsɛoraŋ]

ninguém	tak seorang pun	[tak sɛoraŋ pun]
para lugar nenhum	tak ke mana pun	[tak ke mana pun]
de ninguém	tak bertuan	[tak bɛrtuan]
de alguém	milik seseorang	[milik sɛsɛoraŋ]

tão	begitu	[bɛgitu]
também (gostaria ~ de …)	juga	[dʒuga]
também (~ eu)	juga	[dʒuga]

18. Palavras funcionais. Advérbios. Parte 2

Porquê?	Mengapa?	[mɛŋapa]
por alguma razão	entah mengapa	[ɛntah meŋapa]
porque …	oleh kerana	[oleh krana]
por qualquer razão	entah untuk apa	[ɛntah untuk apa]

e (tu ~ eu)	dan	[dan]
ou (ser ~ não ser)	atau	[atau]
mas (porém)	tetapi	[tɛtapi]
para (~ a minha mãe)	untuk	[untuk]

demasiado, muito	terlalu	[tɛrlalu]
só, somente	hanya	[hanja]
exatamente	tepat	[tɛpat]
cerca de (~ 10 kg)	sekitar	[sɛkitar]

aproximadamente	lebih kurang	[lɛbih kuraŋ]
aproximado	lebih kurang	[lɛbih kuraŋ]
quase	hampir	[hampir]
resto (m)	yang lain	[jaŋ lajn]

o outro (segundo)	kedua	[kɛdua]
outro	lain	[lajn]
cada	setiap	[sɛtiap]
qualquer	sebarang	[sɛbaraŋ]
muito	ramai, banyak	[ramaj], [banjak]
muitas pessoas	ramai orang	[ramaj oraŋ]
todos	semua	[sɛmua]
em troca de …	sebagai pertukaran untuk	[sɛbagaj pɛrtukaran untuk]
em troca	sebagai tukaran	[sɛbagaj tukaran]

à mão	dengan tangan	[dɛŋan taŋan]
pouco provável	mustahil	[mustahil]
provavelmente	mungkin	[muŋkin]
de propósito	sengaja	[sɛŋadʒa]
por acidente	tidak sengaja	[tidak sɛŋadʒa]
muito	sangat	[saŋat]
por exemplo	misalnya	[misalnja]
entre	antara	[antara]
entre (no meio de)	di antara	[di antara]
tanto	seberapa ini	[sɛbrapa ini]
especialmente	terutama	[tɛrutama]

Conceitos básicos. Parte 2

19. Dias da semana

segunda-feira (f)	Hari Isnin	[hari isnin]
terça-feira (f)	Hari Selasa	[hari sɛlasa]
quarta-feira (f)	Hari Rabu	[hari rabu]
quinta-feira (f)	Hari Khamis	[hari kamis]
sexta-feira (f)	Hari Jumaat	[hari dʒumaat]
sábado (m)	Hari Sabtu	[hari sabtu]
domingo (m)	Hari Ahad	[hari ahad]
hoje	hari ini	[hari ini]
amanhã	besok	[besok]
depois de amanhã	besok lusa	[besok lusa]
ontem	semalam	[sɛmalam]
anteontem	kelmarin	[kɛlmarin]
dia (m)	hari	[hari]
dia (m) de trabalho	hari kerja	[hari kɛrdʒa]
feriado (m)	cuti umum	[ʧuti umum]
dia (m) de folga	hari kelepasan	[hari kɛlɛpasan]
fim (m) de semana	hujung minggu	[hudʒuŋ miŋgu]
o dia todo	seluruh hari	[sɛluruh hari]
no dia seguinte	pada hari berikutnya	[pada hari bɛrikutnja]
há dois dias	dua hari lepas	[dua hari lɛpas]
na véspera	menjelang	[mɛndʒɛlaŋ]
diário	harian	[harian]
todos os dias	setiap hari	[sɛtiap hari]
semana (f)	minggu	[miŋgu]
na semana passada	pada minggu lepas	[pada miŋgu lɛpas]
na próxima semana	pada minggu berikutnya	[pada miŋgu bɛrikutnja]
semanal	mingguan	[miŋguan]
cada semana	setiap minggu	[sɛtiap miŋgu]
duas vezes por semana	dua kali seminggu	[dua kali sɛmiŋgu]
cada terça-feira	setiap Hari Selasa	[sɛtiap hari sɛlasa]

20. Horas. Dia e noite

manhã (f)	pagi	[pagi]
de manhã	pagi hari	[pagi hari]
meio-dia (m)	tengah hari	[tɛŋah hari]
à tarde	petang hari	[pɛtaŋ hari]
noite (f)	petang, malam	[pɛtaŋ], [malam]
à noite (noitinha)	pada waktu petang	[pada vaktu pɛtaŋ]

noite (f)	malam	[malam]
à noite	pada malam	[pada malam]
meia-noite (f)	tengah malam	[tɛŋah malam]
segundo (m)	saat	[saat]
minuto (m)	minit	[minit]
hora (f)	jam	[dʒam]
meia hora (f)	separuh jam	[sɛparuh dʒam]
quarto (m) de hora	suku jam	[suku dʒam]
quinze minutos	lima belas minit	[lima blas minit]
vinte e quatro horas	siang malam	[siaŋ malam]
nascer (m) do sol	matahari terbit	[matahari tɛrbit]
amanhecer (m)	subuh	[subuh]
madrugada (f)	awal pagi	[aval pagi]
pôr do sol (m)	matahari terbenam	[matahari tɛrbɛnam]
de madrugada	pagi-pagi	[pagi pagi]
hoje de manhã	pagi ini	[pagi ini]
amanhã de manhã	besok pagi	[bɛsok pagi]
hoje à tarde	petang ini	[pɛtaŋ ini]
à tarde	petang hari	[pɛtaŋ hari]
amanhã à tarde	besok petang	[besok pɛtaŋ]
hoje à noite	petang ini	[pɛtaŋ ini]
amanhã à noite	besok malam	[besok malam]
às três horas em ponto	pukul 3 tepat	[pukul tiga tɛpat]
por volta das quatro	sekitar pukul 4	[sɛkitar pukul ɛmpat]
às doze	sampai pukul 12	[sampaj pukul dua blas]
dentro de vinte minutos	selepas 20 minit	[sɛlɛpas dua puluh minit]
dentro duma hora	selepas satu jam	[sɛlɛpas satu dʒam]
a tempo	tepat pada masanya	[tɛpat pada masanja]
menos um quarto	kurang suku	[kuraŋ suku]
durante uma hora	selama sejam	[sɛlama sɛdʒam]
a cada quinze minutos	setiap 15 minit	[sɛtiap lima blas minit]
as vinte e quatro horas	siang malam	[siaŋ malam]

21. Meses. Estações

janeiro (m)	Januari	[dʒanuari]
fevereiro (m)	Februari	[februari]
março (m)	Mac	[matʃ]
abril (m)	April	[april]
maio (m)	Mei	[mej]
junho (m)	Jun	[dʒun]
julho (m)	Julai	[dʒulaj]
agosto (m)	Ogos	[ogos]
setembro (m)	September	[septembɛr]
outubro (m)	Oktober	[oktobɛr]

novembro (m)	November	[novembɛr]
dezembro (m)	Disember	[disembɛr]
primavera (f)	musim bunga	[musim buŋa]
na primavera	pada musim bunga	[pada musim buŋa]
primaveril	musim bunga	[musim buŋa]
verão (m)	musim panas	[musim panas]
no verão	pada musim panas	[pada musim panas]
de verão	musim panas	[musim panas]
outono (m)	musim gugur	[musim gugur]
no outono	pada musim gugur	[pada musim gugur]
outonal	musim gugur	[musim gugur]
inverno (m)	musim sejuk	[musim sɛdʒuk]
no inverno	pada musim sejuk	[pada musim sɛdʒuk]
de inverno	musim sejuk	[musim sɛdʒuk]
mês (m)	bulan	[bulan]
este mês	pada bulan ini	[pada bulan ini]
no próximo mês	pada bulan berikutnya	[pada bulan bɛrikutnja]
no mês passado	pada bulan yang lepas	[pada bulan jaŋ lɛpas]
há um mês	sebulan lepas	[sɛbulan lɛpas]
dentro de um mês	selepas satu bulan	[sɛlɛpas satu bulan]
dentro de dois meses	selepas 2 bulan	[sɛlɛpas dua bulan]
todo o mês	seluruh bulan	[sɛluruh bulan]
um mês inteiro	seluruh bulan	[sɛluruh bulan]
mensal	bulanan	[bulanan]
mensalmente	setiap bulan	[sɛtiap bulan]
cada mês	setiap bulan	[sɛtiap bulan]
duas vezes por mês	dua kali sebulan	[dua kali sɛbulan]
ano (m)	tahun	[tahun]
este ano	pada tahun ini	[pada tahun ini]
no próximo ano	pada tahun berikutnya	[pada tahun bɛrikutnja]
no ano passado	pada tahun yang lepas	[pada tahun jaŋ lɛpas]
há um ano	setahun lepas	[setahun lɛpas]
dentro dum ano	selepas satu tahun	[sɛlɛpas satu tahun]
dentro de 2 anos	selepas 2 tahun	[sɛlɛpas dua tahun]
todo o ano	seluruh tahun	[sɛluruh tahun]
um ano inteiro	seluruh tahun	[sɛluruh tahun]
cada ano	setiap tahun	[sɛtiap tahun]
anual	tahunan	[tahunan]
anualmente	setiap tahun	[sɛtiap tahun]
quatro vezes por ano	empat kali setahun	[ɛmpat kali sɛtahun]
data (~ de hoje)	tarikh	[tarih]
data (ex. ~ de nascimento)	tarikh	[tarih]
calendário (m)	takwim	[takvim]
meio ano	separuh tahun	[sɛparuh tahun]
seis meses	separuh tahun	[sɛparuh tahun]

| estação (f) | musim | [musim] |
| século (m) | abad | [abad] |

22. Unidades de medida

peso (m)	berat	[brat]
comprimento (m)	panjang	[pandʒaŋ]
largura (f)	kelebaran	[kɛlebaran]
altura (f)	ketinggian	[kɛtiŋgian]
profundidade (f)	kedalaman	[kɛdalaman]
volume (m)	isi padu	[isi padu]
área (f)	luas	[luas]

grama (m)	gram	[gram]
miligrama (m)	miligram	[miligram]
quilograma (m)	kilogram	[kilogram]
tonelada (f)	tan	[tan]
libra (453,6 gramas)	paun	[paun]
onça (f)	auns	[auns]

metro (m)	meter	[metɛr]
milímetro (m)	milimeter	[milimetɛr]
centímetro (m)	sentimeter	[sentimetɛr]
quilómetro (m)	kilometer	[kilometɛr]
milha (f)	batu	[batu]

polegada (f)	inci	[intʃi]
pé (304,74 mm)	kaki	[kaki]
jarda (914,383 mm)	ela	[ela]

| metro (m) quadrado | meter persegi | [metɛr pɛrsɛgi] |
| hectare (m) | hektar | [hektar] |

litro (m)	liter	[litɛr]
grau (m)	darjah	[dardʒah]
volt (m)	volt	[volt]
ampere (m)	ampere	[ampɛrɛ]
cavalo-vapor (m)	kuasa kuda	[kuasa kuda]

quantidade (f)	kuantiti	[kuantiti]
um pouco de ...	sedikit	[sɛdikit]
metade (f)	setengah	[sɛtɛŋah]

| dúzia (f) | dozen | [dozen] |
| peça (f) | buah | [buah] |

| dimensão (f) | saiz, ukuran | [sajz], [ukuran] |
| escala (f) | skala | [skala] |

mínimo	minimum	[minimum]
menor, mais pequeno	terkecil	[tɛrkɛtʃil]
médio	sederhana	[sɛdɛrhana]
máximo	maksimum	[maksimum]
maior, mais grande	terbesar	[tɛrbɛsar]

23. Recipientes

bolão (m) de vidro	balang	[balaŋ]
lata (~ de cerveja)	tin	[tin]
balde (m)	baldi	[baldi]
barril (m)	tong	[toŋ]

bacia (~ de plástico)	besen	[besen]
tanque (m)	tangki	[taŋki]
cantil (m) de bolso	kelalang, flask	[kɛlalaŋ], [flask]
bidão (m) de gasolina	tin	[tin]
cisterna (f)	tangki	[taŋki]

caneca (f)	koleh	[koleh]
chávena (f)	cawan	[ʧavan]
pires (m)	alas cawan	[alas ʧavan]
copo (m)	gelas	[glas]
taça (f) de vinho	gelas	[glas]
panela, caçarola (f)	periuk	[priuk]

garrafa (f)	botol	[botol]
gargalo (m)	leher	[leher]

jarro, garrafa (f)	serahi	[sɛrahi]
jarro (m) de barro	kendi	[kɛndi]
recipiente (m)	bekas	[bɛkas]
pote (m)	belanga	[bɛlaŋa]
vaso (m)	vas	[vas]

frasco (~ de perfume)	botol	[botol]
frasquinho (ex. ~ de iodo)	buli-buli	[buli buli]
tubo (~ de pasta dentífrica)	tiub	[tiub]

saca (ex. ~ de açúcar)	karung	[karuŋ]
saco (~ de plástico)	peket	[peket]
maço (m)	kotak	[kotak]

caixa (~ de sapatos, etc.)	kotak, peti	[kotak], [pɛti]
caixa (~ de madeira)	kotak	[kotak]
cesta (f)	bakul	[bakul]

O SER HUMANO

O ser humano. O corpo

24. Cabeça

cabeça (f)	kepala	[kɛpala]
cara (f)	muka	[muka]
nariz (m)	hidung	[hiduŋ]
boca (f)	mulut	[mulut]
olho (m)	mata	[mata]
olhos (m pl)	mata	[mata]
pupila (f)	anak mata	[anak mata]
sobrancelha (f)	kening	[kɛniŋ]
pestana (f)	bulu mata	[bulu mata]
pálpebra (f)	kekopak mata	[kɛkopak mata]
língua (f)	lidah	[lidah]
dente (m)	gigi	[gigi]
lábios (m pl)	bibir	[bibir]
maçãs (f pl) do rosto	tulang pipi	[tulaŋ pipi]
gengiva (f)	gusi	[gusi]
palato (m)	lelangit	[lɛlaŋit]
narinas (f pl)	lubang hidung	[lubaŋ hiduŋ]
queixo (m)	dagu	[dagu]
mandíbula (f)	rahang	[rahaŋ]
bochecha (f)	pipi	[pipi]
testa (f)	dahi	[dahi]
têmpora (f)	pelipis	[pɛlipis]
orelha (f)	telinga	[tɛliŋa]
nuca (f)	tengkuk	[tɛŋkuk]
pescoço (m)	leher	[leher]
garganta (f)	kerongkong	[kɛroŋkoŋ]
cabelos (m pl)	rambut	[rambut]
penteado (m)	potongan rambut	[potoŋan rambut]
corte (m) de cabelo	potongan rambut	[potoŋan rambut]
peruca (f)	rambut palsu, wig	[rambut palsu], [vig]
bigode (m)	misai	[misaj]
barba (f)	janggut	[dʒaŋgut]
usar, ter (~ barba, etc.)	memelihara	[mɛmɛlihara]
trança (f)	tocang	[totʃaŋ]
suíças (f pl)	jambang	[dʒambaŋ]
ruivo	berambut merah perang	[bɛrambut mɛrah peraŋ]
grisalho	beruban	[bɛruban]

calvo	**botak**	[botak]
calva (f)	**botak**	[botak]
rabo-de-cavalo (m)	**ikat ekor kuda**	[ikat ekor kuda]
franja (f)	**jambul**	[dʒambul]

25. Corpo humano

mão (f)	**tangan**	[taŋan]
braço (m)	**lengan**	[lɛŋan]
dedo (m)	**jari**	[dʒari]
dedo (m) do pé	**jari**	[dʒari]
polegar (m)	**ibu jari**	[ibu dʒari]
dedo (m) mindinho	**jari kelengkeng**	[dʒari kɛleŋkŋ]
unha (f)	**kuku**	[kuku]
punho (m)	**penumbuk**	[pɛnumbuk]
palma (f) da mão	**telapak**	[tɛlapak]
pulso (m)	**pergelangan**	[pɛrgɛlaŋan]
antebraço (m)	**lengan bawah**	[lɛŋan bavah]
cotovelo (m)	**siku**	[siku]
ombro (m)	**bahu**	[bahu]
perna (f)	**kaki**	[kaki]
pé (m)	**telapak kaki**	[telapak kaki]
joelho (m)	**lutut**	[lutut]
barriga (f) da perna	**betis**	[bɛtis]
anca (f)	**paha**	[paha]
calcanhar (m)	**tumit**	[tumit]
corpo (m)	**badan**	[badan]
barriga (f)	**perut**	[prut]
peito (m)	**dada**	[dada]
seio (m)	**tetek**	[tetek]
lado (m)	**rusuk**	[rusuk]
costas (f pl)	**belakang**	[blakaŋ]
região (f) lombar	**pinggul**	[piŋgul]
cintura (f)	**pinggang**	[piŋgaŋ]
umbigo (m)	**pusat**	[pusat]
nádegas (f pl)	**punggung**	[puŋguŋ]
traseiro (m)	**punggung**	[puŋguŋ]
sinal (m)	**tahi lalat manis**	[tahi lalat manis]
sinal (m) de nascença	**tanda kelahiran**	[tanda kɛlahiran]
tatuagem (f)	**tatu**	[tatu]
cicatriz (f)	**bekas luka**	[bɛkas luka]

Vestuário & Acessórios

26. Roupa exterior. Casacos

roupa (f)	pakaian	[pakajan]
roupa (f) exterior	pakaian luar	[pakajan luar]
roupa (f) de inverno	pakaian musim sejuk	[pakajan musim sɛdʒuk]
sobretudo (m)	kot luaran	[kot luaran]
casaco (m) de peles	kot bulu	[kot bulu]
casaco curto (m) de peles	jaket berbulu	[dʒaket berbulu]
casaco (m) acolchoado	kot bulu pelepah	[kot bulu pɛlɛpah]
casaco, blusão (m)	jaket	[dʒaket]
impermeável (m)	baju hujan	[badʒu hudʒan]
impermeável	kalis air	[kalis air]

27. Vestuário de homem & mulher

camisa (f)	baju	[badʒu]
calças (f pl)	seluar	[sɛluar]
calças (f pl) de ganga	seluar jean	[sɛluar dʒin]
casaco (m) de fato	jaket	[dʒaket]
fato (m)	suit	[suit]
vestido (ex. ~ vermelho)	gaun	[gaun]
saia (f)	skirt	[skirt]
blusa (f)	blaus	[blaus]
casaco (m) de malha	jaket kait	[dʒaket kait]
casaco, blazer (m)	jaket	[dʒaket]
T-shirt, camiseta (f)	baju kaus	[badʒu kaus]
calções (Bermudas, etc.)	seluar pendek	[sɛluar pendek]
fato (m) de treino	pakaian sukan	[pakajan sukan]
roupão (m) de banho	jubah mandi	[dʒubah mandi]
pijama (m)	pijama	[pidʒama]
suéter (m)	sweater	[svetɛr]
pulôver (m)	pullover	[pullovɛr]
colete (m)	rompi	[rompi]
fraque (m)	kot bajang	[kot badʒaŋ]
smoking (m)	toksedo	[toksedo]
uniforme (m)	pakaian seragam	[pakajan sɛragam]
roupa (f) de trabalho	pakaian kerja	[pakajan kɛrdʒa]
fato-macaco (m)	baju monyet	[badʒu monjet]
bata (~ branca, etc.)	baju	[badʒu]

28. Vestuário. Roupa interior

roupa (f) interior	pakaian dalam	[pakajan dalam]
cuecas boxer (f pl)	seluar dalam lelaki	[sɛluar dalam lɛlaki]
cuecas (f pl)	seluar dalam perempuan	[sɛluar dalam pɛrɛmpuan]
camisola (f) interior	singlet	[siŋlet]
peúgas (f pl)	sok	[sok]
camisa (f) de noite	baju tidur	[badʒu tidur]
sutiã (m)	kutang	[kutaŋ]
meias longas (f pl)	stoking sampai lutut	[stokiŋ sampaj lutut]
meia-calça (f)	sarung kaki	[saruŋ kaki]
meias (f pl)	stoking	[stokiŋ]
fato (m) de banho	pakaian renang	[pakajan rɛnaŋ]

29. Adereços de cabeça

chapéu (m)	topi	[topi]
chapéu (m) de feltro	topi bulat	[topi bulat]
boné (m) de beisebol	topi besbol	[topi besbol]
boné (m)	kep	[kep]
boina (f)	beret	[beret]
capuz (m)	hud	[hud]
panamá (m)	topi panama	[topi panama]
gorro (m) de malha	topi kait	[topi kait]
lenço (m)	tudung	[tuduŋ]
chapéu (m) de mulher	topi perempuan	[topi pɛrɛmpuan]
capacete (m) de proteção	topi besi	[topi bɛsi]
bibico (m)	topi lipat	[topi lipat]
capacete (m)	helmet	[helmet]
chapéu-coco (m)	topi bulat	[topi bulat]
chapéu (m) alto	topi pesulap	[topi pɛsulap]

30. Calçado

calçado (m)	kasut	[kasut]
botinas (f pl)	but	[but]
sapatos (de salto alto, etc.)	kasut wanita	[kasut vanita]
botas (f pl)	kasut lars	[kasut lars]
pantufas (f pl)	selipar	[slipar]
ténis (m pl)	kasut tenis	[kasut tenis]
sapatilhas (f pl)	kasut kets	[kasut kets]
sandálias (f pl)	sandal	[sandal]
sapateiro (m)	tukang kasut	[tukaŋ kasut]
salto (m)	tumit	[tumit]

par (m)	sepasang	[sɛpasaŋ]
atacador (m)	tali kasut	[tali kasut]
apertar os atacadores	mengikat tali	[meŋikat tali]
calçadeira (f)	sudu kasut	[sudu kasut]
graxa (f) para calçado	belaking	[bɛlakiŋ]

31. Acessórios pessoais

luvas (f pl)	sarung tangan	[saruŋ taŋan]
mitenes (f pl)	miten	[mitɛn]
cachecol (m)	selendang	[sɛlendaŋ]
óculos (m pl)	kaca mata	[katʃa mata]
armação (f) de óculos	bingkai, rim	[biŋkaj], [rim]
guarda-chuva (m)	payung	[pajuŋ]
bengala (f)	tongkat	[toŋkat]
escova (f) para o cabelo	berus rambut	[brus rambut]
leque (m)	kipas	[kipas]
gravata (f)	tai	[taj]
gravata-borboleta (f)	tali leher kupu-kupu	[tali leher kupu kupu]
suspensórios (m pl)	tali bawat	[tali bavat]
lenço (m)	sapu tangan	[sapu taŋan]
pente (m)	sikat	[sikat]
travessão (m)	cucuk rambut	[tʃutʃuk rambut]
gancho (m) de cabelo	pin rambut	[pin rambut]
fivela (f)	gancu	[gantʃu]
cinto (m)	ikat pinggang	[ikat piŋgaŋ]
correia (f)	tali beg	[tali beg]
mala (f)	beg	[beg]
mala (f) de senhora	beg tangan	[beg taŋan]
mochila (f)	beg galas	[beg galas]

32. Vestuário. Diversos

moda (f)	fesyen	[feʃɛn]
na moda	berfesyen	[bɛrfeʃɛn]
estilista (m)	pereka fesyen	[pɛreka feʃɛn]
colarinho (m), gola (f)	kerah	[krah]
bolso (m)	saku	[saku]
de bolso	saku	[saku]
manga (f)	lengan	[lɛŋan]
alcinha (f)	gelung sangkut	[gɛluŋ saŋkut]
braguilha (f)	golbi	[golbi]
fecho (m) de correr	zip	[zip]
fecho (m), colchete (m)	kancing	[kantʃiŋ]
botão (m)	butang	[butaŋ]

casa (f) de botão	lubang butang	[lubaŋ butaŋ]
soltar-se (vr)	terlepas	[tɛrlɛpas]
coser, costurar (vi)	menjahit	[mɛndʒahit]
bordar (vt)	menyulam	[mɛnjulam]
bordado (m)	sulaman	[sulaman]
agulha (f)	jarum	[dʒarum]
fio (m)	benang	[bɛnaŋ]
costura (f)	jahitan	[dʒahitan]
sujar-se (vr)	menjadi kotor	[mɛndʒadi kotor]
mancha (f)	tompok	[tompok]
engelhar-se (vr)	renyuk	[rɛnjuk]
rasgar (vt)	merobek	[mɛrobek]
traça (f)	gegat	[gɛgat]

33. Cuidados pessoais. Cosméticos

pasta (f) de dentes	ubat gigi	[ubat gigi]
escova (f) de dentes	berus gigi	[bɛrus gigi]
escovar os dentes	memberus gigi	[mɛmbɛrus gigi]
máquina (f) de barbear	pisau cukur	[pisau tʃukur]
creme (m) de barbear	krim cukur	[krim tʃukur]
barbear-se (vr)	bercukur	[bɛrtʃukur]
sabonete (m)	sabun	[sabun]
champô (m)	syampu	[ʃampu]
tesoura (f)	gunting	[guntiŋ]
lima (f) de unhas	kikir kuku	[kikir kuku]
corta-unhas (m)	pemotong kuku	[pɛmotoŋ kuku]
pinça (f)	penyepit kecil	[pɛnjepit kɛtʃil]
cosméticos (m pl)	alat solek	[alat solek]
máscara (f) facial	masker	[maskɛr]
manicura (f)	manicure	[mɛnikjur]
fazer a manicura	melakukan perawatan kuku tangan	[mɛlakukan pɛravatan kuku taŋan]
pedicure (f)	pedicure	[pɛdikjur]
mala (f) de maquilhagem	beg mekap	[beg mekap]
pó (m)	bedak	[bɛdak]
caixa (f) de pó	kotak bedak	[kotak bɛdak]
blush (m)	pemerah pipi	[pɛmerah pipi]
perfume (m)	minyak wangi	[minjak vaɲi]
água (f) de toilette	air wangi	[air vaɲi]
loção (f)	losen	[losen]
água-de-colónia (f)	air kolong	[air koloŋ]
sombra (f) de olhos	pembayang mata	[pɛmbajaŋ mata]
lápis (m) delineador	pensel kening	[pensel kɛniŋ]
máscara (f), rímel (m)	maskara	[maskara]

batom (m)	gincu bibir	[gintʃu bibir]
verniz (m) de unhas	pengilat kuku	[peɲilat kuku]
laca (f) para cabelos	penyembur rambut	[pɛnjembur rambut]
desodorizante (m)	deodoran	[deodoran]
creme (m)	krim	[krim]
creme (m) de rosto	krim muka	[krim muka]
creme (m) de mãos	krim tangan	[krim taŋan]
creme (m) antirrugas	krim antikerut	[krim antikɛrut]
creme (m) de dia	krim siang	[krim siaŋ]
creme (m) de noite	krim malam	[krim malam]
de dia	siang	[siaŋ]
da noite	malam	[malam]
tampão (m)	tampon	[tampon]
papel (m) higiénico	kertas tandas	[kɛrtas tandas]
secador (m) elétrico	pengering rambut	[pɛŋɛriŋ rambut]

34. Relógios de pulso. Relógios

relógio (m) de pulso	jam tangan	[dʒam taŋan]
mostrador (m)	permukaan jam	[permukaan dʒam]
ponteiro (m)	jarum	[dʒarum]
bracelete (f) em aço	gelang jam tangan	[gɛlaŋ dʒam taŋan]
bracelete (f) em couro	tali jam	[tali dʒam]
pilha (f)	bateri	[batɛri]
descarregar-se	luput	[luput]
trocar a pilha	menukar bateri	[menukar batɛri]
estar adiantado	kecepatan	[kɛtʃɛpatan]
estar atrasado	ketinggalan	[kɛtiŋgalan]
relógio (m) de parede	jam dinding	[dʒam dindiŋ]
ampulheta (f)	jam pasir	[dʒam pasir]
relógio (m) de sol	jam matahari	[dʒam matahari]
despertador (m)	jam loceng	[dʒam lotʃeŋ]
relojoeiro (m)	tukang jam	[tukaŋ dʒam]
reparar (vt)	membaiki	[mɛmbaiki]

Alimentação. Nutrição

35. Comida

carne (f)	daging	[dagiŋ]
galinha (f)	ayam	[ajam]
frango (m)	anak ayam	[anak ajam]
pato (m)	itik	[itik]
ganso (m)	angsa	[aŋsa]
caça (f)	burung buruan	[buruŋ buruan]
peru (m)	ayam belanda	[ajam blanda]
carne (f) de porco	daging babi	[dagiŋ babi]
carne (f) de vitela	daging anak lembu	[dagiŋ anak lembu]
carne (f) de carneiro	daging bebiri	[dagiŋ bɛbiri]
carne (f) de vaca	daging lembu	[dagiŋ lɛmbu]
carne (f) de coelho	arnab	[arnab]
chouriço, salsichão (m)	sosej worst	[sosedʒ vorst]
salsicha (f)	sosej	[sosedʒ]
bacon (m)	dendeng babi	[deŋdeŋ babi]
fiambre (f)	ham	[ham]
presunto (m)	gamon	[gamon]
patê (m)	pate	[patɛ]
fígado (m)	hati	[hati]
carne (f) moída	bahan kisar	[bahan kisar]
língua (f)	lidah	[lidah]
ovo (m)	telur	[tɛlur]
ovos (m pl)	telur-telur	[tɛlur tɛlur]
clara (f) do ovo	putih telur	[putih tɛlur]
gema (f) do ovo	kuning telur	[kuniŋ tɛlur]
peixe (m)	ikan	[ikan]
mariscos (m pl)	makanan laut	[makanan laut]
crustáceos (m pl)	krustasia	[krustasia]
caviar (m)	caviar	[kaviar]
caranguejo (m)	ketam	[kɛtam]
camarão (m)	udang	[udaŋ]
ostra (f)	tiram	[tiram]
lagosta (f)	udang krai	[udaŋ kraj]
polvo (m)	sotong	[sotoŋ]
lula (f)	cumi-cumi	[ʧumi ʧumi]
esturjão (m)	ikan sturgeon	[ikan sturgeon]
salmão (m)	salmon	[salmon]
halibute (m)	ikan halibut	[ikan halibut]
bacalhau (m)	ikan kod	[ikan kod]

cavala, sarda (f)	ikan tenggiri	[ikan tɛŋgiri]
atum (m)	tuna	[tuna]
enguia (f)	ikan keli	[ikan kli]
truta (f)	ikan trout	[ikan trout]
sardinha (f)	sadin	[sadin]
lúcio (m)	ikan paik	[ikan pajk]
arenque (m)	ikan hering	[ikan hɛriŋ]
pão (m)	roti	[roti]
queijo (m)	keju	[kɛdʒu]
açúcar (m)	gula	[gula]
sal (m)	garam	[garam]
arroz (m)	beras, nasi	[bras], [nasi]
massas (f pl)	pasta	[pasta]
talharim (m)	mie	[mi]
manteiga (f)	mentega	[mɛntega]
óleo (m) vegetal	minyak sayur	[minjak sajur]
óleo (m) de girassol	minyak bunga matahari	[minjak buŋa matahari]
margarina (f)	marjerin	[mardʒɛrin]
azeitonas (f pl)	buah zaitun	[buah zajtun]
azeite (m)	minyak zaitun	[minjak zaɪtun]
leite (m)	susu	[susu]
leite (m) condensado	susu pekat	[susu pɛkat]
iogurte (m)	yogurt	[jogurt]
nata (f) azeda	krim asam	[krim asam]
nata (f) do leite	krim	[krim]
maionese (f)	mayonis	[majonis]
creme (m)	krim	[krim]
grãos (m pl) de cereais	bijirin berkupas	[bidʒirin bɛrkupas]
farinha (f)	tepung	[tɛpuŋ]
enlatados (m pl)	makanan dalam tin	[makanan dalam tin]
flocos (m pl) de milho	emping jagung	[ɛmpiŋ dʒaguŋ]
mel (m)	madu	[madu]
doce (m)	jem	[dʒɛm]
pastilha (f) elástica	gula-gula getah	[gula gula gɛtah]

36. Bebidas

água (f)	air	[air]
água (f) potável	air minum	[air minum]
água (f) mineral	air galian	[air galian]
sem gás	tanpa gas	[tanpa gas]
gaseificada	bergas	[bɛrgas]
com gás	bergas	[bɛrgas]
gelo (m)	ais	[ajs]

com gelo	dengan ais	[dɛŋan ajs]
sem álcool	tanpa alkohol	[tanpa alkohol]
bebida (f) sem álcool	minuman ringan	[minuman riŋan]
refresco (m)	minuman segar	[minuman sɛgar]
limonada (f)	limonad	[limonad]
bebidas (f pl) alcoólicas	arak	[arak]
vinho (m)	wain	[vajn]
vinho (m) branco	wain putih	[vajn putih]
vinho (m) tinto	wain merah	[vajn merah]
licor (m)	likur	[likur]
champanhe (m)	champagne	[ʃampejn]
vermute (m)	vermouth	[vermut]
uísque (m)	wiski	[viski]
vodka (f)	vodka	[vodka]
gim (m)	gin	[dʒin]
conhaque (m)	cognac	[konjak]
rum (m)	rum	[ram]
café (m)	kopi	[kopi]
café (m) puro	kopi O	[kopi o]
café (m) com leite	kopi susu	[kopi susu]
cappuccino (m)	cappuccino	[kaputʃino]
café (m) solúvel	kopi segera	[kopi sɛgɛra]
leite (m)	susu	[susu]
coquetel (m)	koktel	[koktel]
batido (m) de leite	susu kocak	[susu kotʃak]
sumo (m)	jus	[dʒus]
sumo (m) de tomate	jus tomato	[dʒus tomato]
sumo (m) de laranja	jus jeruk manis	[dʒus dʒɛruk manis]
sumo (m) fresco	jus segar	[dʒus sɛgar]
cerveja (f)	bir	[bir]
cerveja (f) clara	bir putih	[bir putih]
cerveja (f) preta	bir hitam	[bir hitam]
chá (m)	teh	[te]
chá (m) preto	teh hitam	[te hitam]
chá (m) verde	teh hijau	[te hidʒau]

37. Vegetais

legumes (m pl)	sayuran	[sajuran]
verduras (f pl)	ulam-ulaman	[ulam ulaman]
tomate (m)	tomato	[tomato]
pepino (m)	timun	[timun]
cenoura (f)	lobak merah	[lobak merah]
batata (f)	kentang	[kɛntaŋ]
cebola (f)	bawang	[bavaŋ]

alho (m)	bawang putih	[bavaŋ putih]
couve (f)	kubis	[kubis]
couve-flor (f)	bunga kubis	[buŋa kubis]
couve-de-bruxelas (f)	kubis Brussels	[kubis brasels]
brócolos (m pl)	broccoli	[brokoli]

beterraba (f)	rut bit	[rut bit]
beringela (f)	terung	[tɛruŋ]
curgete (f)	labu kuning	[labu kuniŋ]
abóbora (f)	labu	[labu]
nabo (m)	turnip	[turnip]

salsa (f)	parsli	[parsli]
funcho, endro (m)	jintan hitam	[dʒintan hitam]
alface (f)	pokok salad	[pokok salad]
aipo (m)	saderi	[sadɛri]
espargo (m)	asparagus	[asparagus]
espinafre (m)	bayam	[bajam]

ervilha (f)	kacang sepat	[katʃaŋ sɛpat]
fava (f)	kacang	[katʃaŋ]
milho (m)	jagung	[dʒaguŋ]
feijão (m)	kacang buncis	[katʃaŋ buntʃis]

pimentão (m)	lada	[lada]
rabanete (m)	lobak	[lobak]
alcachofra (f)	articok	[artitʃok]

38. Frutos. Nozes

fruta (f)	buah	[buah]
maçã (f)	epal	[epal]
pera (f)	buah pear	[buah pear]
limão (m)	lemon	[lemon]
laranja (f)	jeruk manis	[dʒeruk manis]
morango (m)	strawberi	[stroberi]

tangerina (f)	limau mandarin	[limau mandarin]
ameixa (f)	plum	[plam]
pêssego (m)	pic	[pitʃ]
damasco (m)	aprikot	[aprikot]
framboesa (f)	rasperi	[rasberi]
ananás (m)	nanas	[nanas]

banana (f)	pisang	[pisaŋ]
melancia (f)	tembikai	[tembikaj]
uva (f)	anggur	[aŋgur]
ginja (f)	buah ceri	[buah tʃeri]
cereja (f)	ceri manis	[tʃeri manis]
meloa (f)	tembikai susu	[tembikaj susu]

toranja (f)	limau gedang	[limau gɛdaŋ]
abacate (m)	avokado	[avokado]
papaia (f)	betik	[bɛtik]

manga (f)	mempelam	[mɛmpɛlam]
romã (f)	buah delima	[buah dɛlima]

groselha (f) vermelha	buah kismis merah	[buah kismis merah]
groselha (f) preta	buah kismis hitam	[buah kismis hitam]
groselha (f) espinhosa	buah gusberi	[buah gusberi]
mirtilo (m)	buah bilberi	[buah bilberi]
amora silvestre (f)	beri hitam	[beri hitam]

uvas (f pl) passas	kismis	[kismis]
figo (m)	buah tin	[buah tin]
tâmara (f)	buah kurma	[buah kurma]

amendoim (m)	kacang tanah	[katʃaŋ tanah]
amêndoa (f)	badam	[badam]
noz (f)	walnut	[volnat]
avelã (f)	kacang hazel	[katʃaŋ hazel]
coco (m)	buah kelapa	[buah klapa]
pistáchios (m pl)	pistasio	[pistasio]

39. Pão. Bolaria

pastelaria (f)	kuih-muih	[kuih muih]
pão (m)	roti	[roti]
bolacha (f)	biskit	[biskit]

chocolate (m)	coklat	[tʃoklat]
de chocolate	coklat	[tʃoklat]
rebuçado (m)	gula-gula	[gula gula]
bolo (cupcake, etc.)	kuih	[kuih]
bolo (m) de aniversário	kek	[kek]

tarte (~ de maçã)	pai	[paj]
recheio (m)	inti	[inti]

doce (m)	jem buah-buahan utuh	[dʒem buah buahan utuh]
geleia (f) de frutas	marmalad	[marmalad]
waffle (m)	wafer	[vafɛr]
gelado (m)	ais krim	[ajs krim]
pudim (m)	puding	[pudiŋ]

40. Pratos cozinhados

prato (m)	hidangan	[hidaŋan]
cozinha (~ portuguesa)	masakan	[masakan]
receita (f)	resipi	[rɛsipi]
porção (f)	hidangan	[hidaŋan]

salada (f)	salad	[salad]
sopa (f)	sup	[sup]
caldo (m)	sup kosong	[sup kosoŋ]
sandes (f)	sandwic	[sandvitʃ]

ovos (m pl) estrelados	telur mata kerbau	[tɛlur mata kerbau]
hambúrguer (m)	hamburger	[hamburger]
bife (m)	stik	[stik]
conduto (m)	garnish	[garniʃ]
espaguete (m)	spaghetti	[spaɣeti]
puré (m) de batata	kentang lecek	[kɛntaŋ letʃek]
pizza (f)	piza	[piza]
papa (f)	bubur	[bubur]
omelete (f)	telur dadar	[tɛlur dadar]
cozido em água	rebus	[rɛbus]
fumado	salai	[salaj]
frito	goreng	[gorɛŋ]
seco	dikeringkan	[dikɛriŋkan]
congelado	sejuk beku	[sɛdʒuk bɛku]
em conserva	dijeruk	[didʒɛruk]
doce (açucarado)	manis	[manis]
salgado	masin	[masin]
frio	sejuk	[sɛdʒuk]
quente	panas	[panas]
amargo	pahit	[pahit]
gostoso	sedap	[sɛdap]
cozinhar (em água a ferver)	merebus	[mɛrɛbus]
fazer, preparar (vt)	memasak	[mɛmasak]
fritar (vt)	menggoreng	[mɛŋgorɛŋ]
aquecer (vt)	memanaskan	[mɛmanaskan]
salgar (vt)	membubuh garam	[mɛmbubuh garam]
apimentar (vt)	membubuh lada	[mɛmbubuh lada]
ralar (vt)	memarut	[mɛmarut]
casca (f)	kulit	[kulit]
descascar (vt)	mengupas	[mɛŋupas]

41. Especiarias

sal (m)	garam	[garam]
salgado	masin	[masin]
salgar (vt)	membubuh garam	[mɛmbubuh garam]
pimenta (f) preta	lada hitam	[lada hitam]
pimenta (f) vermelha	lada merah	[lada merah]
mostarda (f)	sawi	[savi]
raiz-forte (f)	remunggai	[rɛmuŋgaj]
condimento (m)	perasa	[pɛrasa]
especiaria (f)	rempah-rempah	[rempah rempah]
molho (m)	saus	[saus]
vinagre (m)	cuka	[tʃuka]
anis (m)	lawang	[lavaŋ]
manjericão (m)	kemangi	[kɛmaɲi]

cravo (m)	cengkeh	[tʃeŋkeh]
gengibre (m)	halia	[halia]
coentro (m)	ketumbar	[kɛtumbar]
canela (f)	kayu manis	[kaju manis]
sésamo (m)	bijan	[bidʒan]
folhas (f pl) de louro	daun bay	[daun bej]
páprica (f)	paprik	[paprik]
cominho (m)	jintan putih	[dʒintan putih]
açafrão (m)	safron	[safron]

42. Refeições

comida (f)	makanan	[makanan]
comer (vt)	makan	[makan]
pequeno-almoço (m)	makan pagi	[makan pagi]
tomar o pequeno-almoço	makan pagi	[makan pagi]
almoço (m)	makan tengah hari	[makan tɛŋah hari]
almoçar (vi)	makan tengah hari	[makan tɛŋah hari]
jantar (m)	makan malam	[makan malam]
jantar (vi)	makan malam	[makan malam]
apetite (m)	selera	[sɛlera]
Bom apetite!	Selamat jamu selera!	[sɛlamat dʒamu sɛlera]
abrir (~ uma lata, etc.)	membuka	[mɛmbuka]
derramar (vt)	menumpahkan	[mɛnumpahkan]
derramar-se (vr)	tertumpah	[tɛrtumpah]
ferver (vi)	mendidih	[mɛndidih]
ferver (vt)	mendidihkan	[mɛndidihkan]
fervido	masak	[masak]
arrefecer (vt)	menyejukkan	[mɛnjedʒukkan]
arrefecer-se (vr)	menjadi sejuk	[mɛndʒadi sɛdʒuk]
sabor, gosto (m)	rasa	[rasa]
gostinho (m)	rasa kesan	[rasa kɛsan]
fazer dieta	berdiet	[berdiet]
dieta (f)	diet	[diet]
vitamina (f)	vitamin	[vitamin]
caloria (f)	kalori	[kalori]
vegetariano (m)	vegetarian	[vegetarian]
vegetariano	vegetarian	[vegetarian]
gorduras (f pl)	lemak	[lɛmak]
proteínas (f pl)	protein	[protein]
carboidratos (m pl)	karbohidrat	[karbohidrat]
fatia (~ de limão, etc.)	irisan	[irisan]
pedaço (~ de bolo)	potongan	[potoŋan]
migalha (f)	remah	[remah]

43. Por a mesa

colher (f)	sudu	[sudu]
faca (f)	pisau	[pisau]
garfo (m)	garpu	[garpu]
chávena (f)	cawan	[tʃavan]
prato (m)	pinggan	[piŋgan]
pires (m)	alas cawan	[alas tʃavan]
guardanapo (m)	napkin	[napkin]
palito (m)	cungkil gigi	[tʃuŋkil gigi]

44. Restaurante

restaurante (m)	restoran	[restoran]
café (m)	kedai kopi	[kɛdaj kopi]
bar (m), cervejaria (f)	bar	[bar]
salão (m) de chá	ruang teh	[ruaŋ te]
empregado (m) de mesa	pelayan	[pɛlajan]
empregada (f) de mesa	pelayan perempuan	[pɛlajan pɛrɛmpuan]
barman (m)	pelayan bar	[pɛlajan bar]
ementa (f)	menu	[menu]
lista (f) de vinhos	kad wain	[kad vajn]
reservar uma mesa	menempah meja	[mɛnɛmpah medʒa]
prato (m)	masakan	[masakan]
pedir (vt)	menempah	[mɛnɛmpah]
fazer o pedido	menempah	[mɛnɛmpah]
aperitivo (m)	aperitif	[aperitif]
entrada (f)	pembuka selera	[pɛmbuka sɛlera]
sobremesa (f)	pencuci mulut	[pɛntʃutʃi mulut]
conta (f)	bil	[bil]
pagar a conta	membayar bil	[mɛmbajar bil]
dar o troco	memberi wang baki	[mɛmbri vaŋ baki]
gorjeta (f)	tip	[tip]

Família, parentes e amigos

45. Informação pessoal. Formulários

nome (m)	nama	[nama]
apelido (m)	nama keluarga	[nama kɛluarga]
data (f) de nascimento	tarikh lahir	[tarih lahir]
local (m) de nascimento	tempat lahir	[tɛmpat lahir]
nacionalidade (f)	bangsa	[baŋsa]
lugar (m) de residência	tempat kediaman	[tɛmpat kediaman]
país (m)	negara	[nɛgara]
profissão (f)	profesion	[profesion]
sexo (m)	jenis kelamin	[dʒɛnis kɛlamin]
estatura (f)	tinggi badan	[tiŋgi badan]
peso (m)	berat	[brat]

46. Membros da família. Parentes

mãe (f)	ibu	[ibu]
pai (m)	bapa	[bapa]
filho (m)	anak lelaki	[anak lɛlaki]
filha (f)	anak perempuan	[anak pɛrɛmpuan]
filha (f) mais nova	anak perempuan bungsu	[anak pɛrɛmpuan buŋsu]
filho (m) mais novo	anak lelali bungsu	[anak lɛlali buŋsu]
filha (f) mais velha	anak perempuan sulung	[anak pɛrɛmpuan suluŋ]
filho (m) mais velho	anak lelaki sulung	[anak lɛlaki suluŋ]
irmão (m)	saudara	[saudara]
irmão (m) mais velho	abang	[abaŋ]
irmão (m) mais novo	adik lelaki	[adik lɛlaki]
irmã (f)	saudara perempuan	[saudara pɛrɛmpuan]
irmã (f) mais velha	kakak perempuan	[kakak pɛrɛmpuan]
irmã (f) mais nova	adik perempuan	[adik pɛrɛmpuan]
primo (m)	sepupu lelaki	[sɛpupu lɛlaki]
prima (f)	sepupu perempuan	[sɛpupu pɛrɛmpuan]
mamã (f)	ibu	[ibu]
papá (m)	bapa	[bapa]
pais (pl)	ibu bapa	[ibu bapa]
criança (f)	anak	[anak]
crianças (f pl)	anak-anak	[anak anak]
avó (f)	nenek	[nenek]
avô (m)	datuk	[datuk]

neto (m)	cucu lelaki	[ʧuʧu lɛlaki]
neta (f)	cucu perempuan	[ʧuʧu pɛrɛmpuan]
netos (pl)	cucu-cicit	[ʧuʧu ʧiʧit]
tio (m)	pak cik	[pak ʧik]
tia (f)	mak cik	[mak ʧik]
sobrinho (m)	anak saudara lelaki	[anak saudara lɛlaki]
sobrinha (f)	anak saudara perempuan	[anak saudara pɛrɛmpuan]
sogra (f)	ibu mertua	[ibu mɛrtua]
sogro (m)	bapa mertua	[bapa mɛrtua]
genro (m)	menantu lelaki	[mɛnantu lɛlaki]
madrasta (f)	ibu tiri	[ibu tiri]
padrasto (m)	bapa tiri	[bapa tiri]
criança (f) de colo	bayi	[baji]
bebé (m)	bayi	[baji]
menino (m)	budak kecil	[budak kɛʧil]
mulher (f)	isteri	[istri]
marido (m)	suami	[suami]
esposo (m)	suami	[suami]
esposa (f)	isteri	[istri]
casado	berkahwin, beristeri	[bɛrkahvin], [bɛristri]
casada	berkahwin, bersuami	[bɛrkahvin], [bɛrsuami]
solteiro	bujang	[budʒaŋ]
solteirão (m)	bujang	[budʒaŋ]
divorciado	bercerai	[bɛrʧɛraj]
viúva (f)	balu	[balu]
viúvo (m)	duda	[duda]
parente (m)	saudara	[saudara]
parente (m) próximo	keluarga dekat	[kɛluarga dɛkat]
parente (m) distante	saudara jauh	[saudara dʒauh]
parentes (m pl)	keluarga	[kɛluarga]
órfão (m), órfã (f)	piatu	[piatu]
tutor (m)	wali	[vali]
adotar (um filho)	mengangkat anak lelaki	[mɛŋaŋkat anak lɛlaki]
adotar (uma filha)	mengangkat anak perempuan	[mɛŋaŋkat anak pɛrɛmpuan]

Medicina

47. Doenças

doença (f)	penyakit	[pɛnjakit]
estar doente	sakit	[sakit]
saúde (f)	kesihatan	[kɛsihatan]

nariz (m) a escorrer	hidung berair	[hiduŋ bɛrair]
amigdalite (f)	radang tenggorok	[radaŋ tɛŋgorok]
constipação (f)	selesema	[sɛlsɛma]
constipar-se (vr)	demam selesema	[dɛmam sɛlsɛma]

bronquite (f)	bronkitis	[broŋkitis]
pneumonia (f)	radang paru-paru	[radaŋ paru paru]
gripe (f)	selesema	[sɛlsɛma]

míope	rabun jauh	[rabun dʒauh]
presbita	rabun dekat	[rabun dɛkat]
estrabismo (m)	mata juling	[mata dʒuliŋ]
estrábico	bermata juling	[bɛrmata dʒuliŋ]
catarata (f)	katarak	[katarak]
glaucoma (m)	glaukoma	[glaukoma]

AVC (m), apoplexia (f)	angin amhar	[aŋin amhar]
ataque (m) cardíaco	serangan jantung	[sɛraŋan dʒantuŋ]
enfarte (m) do miocárdio	serangan jantung	[sɛraŋan dʒantuŋ]
paralisia (f)	lumpuh	[lumpuh]
paralisar (vt)	melumpuhkan	[mɛlumpuhkan]

alergia (f)	alahan	[alahan]
asma (f)	penyakit lelah	[pɛnjakit lɛlah]
diabetes (f)	diabetes	[diabetes]

dor (f) de dentes	sakit gigi	[sakit gigi]
cárie (f)	karies	[karis]

diarreia (f)	cirit-birit	[tʃirit birit]
prisão (f) de ventre	sembelit	[sɛmbɛlit]
desarranjo (m) intestinal	sakit perut	[sakit prut]
intoxicação (f) alimentar	keracunan	[kɛratʃunan]
intoxicar-se	keracunan	[kɛratʃunan]

artrite (f)	artritis	[artritis]
raquitismo (m)	penyakit riket	[penjakit riket]
reumatismo (m)	reumatisme	[reumatismɛ]
arteriosclerose (f)	aterosklerosis	[aterosklerosis]

gastrite (f)	gastritis	[gastritis]
apendicite (f)	apendisitis	[apendisitis]

colecistite (f)	radang pundi hempedu	[radaŋ pundi hɛmpɛdu]
úlcera (f)	ulser	[ulser]

sarampo (m)	campak	[ʧampak]
rubéola (f)	penyakit campak Jerman	[pɛnjakit ʧampak dʒerman]
ietrícia (f)	sakit kuning	[sakit kuniŋ]
hepatite (f)	hepatitis	[hepatitis]

esquizofrenia (f)	skizofrenia	[skizofrenia]
raiva (f)	penyakit anjing gila	[pɛnjakit andʒiŋ gila]
neurose (f)	neurosis	[neurosis]
comoção (f) cerebral	gegaran otak	[gɛgaran otak]

cancro (m)	barah, kanser	[barah], [kansɛr]
esclerose (f)	sklerosis	[sklerosis]
esclerose (f) múltipla	sklerosis berbilang	[sklerosis bɛrbilaŋ]

alcoolismo (m)	alkoholisme	[alkoholismɛ]
alcoólico (m)	kaki arak	[kaki arak]
sífilis (f)	sifilis	[sifilis]
SIDA (f)	AIDS	[ejds]

tumor (m)	tumor	[tumor]
maligno	ganas	[ganas]
benigno	bukan barah	[bukan barah]

febre (f)	demam	[dɛmam]
malária (f)	malaria	[malaria]
gangrena (f)	kelemayuh	[kɛlɛmajuh]
enjoo (m)	mabuk laut	[mabuk laut]
epilepsia (f)	epilepsi	[epilepsi]

epidemia (f)	wabak	[vabak]
tifo (m)	tifus	[tifus]
tuberculose (f)	tuberkulosis	[tubɛrkulosis]
cólera (f)	penyakit taun	[pɛnjakit taun]
peste (f)	sampar	[sampar]

48. Sintomas. Tratamentos. Parte 1

sintoma (m)	tanda	[tanda]
temperatura (f)	suhu	[suhu]
febre (f)	suhu tinggi	[suhu tiŋgi]
pulso (m)	nadi	[nadi]

vertigem (f)	rasa pening	[rasa pɛniŋ]
quente (testa, etc.)	panas	[panas]
calafrio (m)	gigil	[gigil]
pálido	pucat	[puʧat]

tosse (f)	batuk	[batuk]
tossir (vi)	batuk	[batuk]
espirrar (vi)	bersin	[bɛrsin]
desmaio (m)	pengsan	[peŋsan]

desmaiar (vi)	jatuh pengsan	[dʒatuh peŋsan]
nódoa (f) negra	luka lebam	[luka lɛbam]
galo (m)	bengkak	[bɛŋkak]
magoar-se (vr)	melanggar	[mɛlaŋgar]
pisadura (f)	luka memar	[luka mɛmar]
aleijar-se (vr)	kena luka memar	[kɛna luka mɛmar]
coxear (vi)	berjalan pincang	[bɛrdʒalan pintʃaŋ]
deslocação (f)	seliuh	[sɛliuh]
deslocar (vt)	terseliuh	[terɕeliuh]
fratura (f)	patah	[patah]
fraturar (vt)	patah	[patah]
corte (m)	hirisan	[hirisan]
cortar-se (vr)	terhiris	[tɛrhiris]
hemorragia (f)	pendarahan	[pɛndarahan]
queimadura (f)	luka bakar	[luka bakar]
queimar-se (vr)	terkena luka bakar	[tɛrkɛna luka bakar]
picar (vt)	mencucuk	[mɛntʃutʃuk]
picar-se (vr)	tercucuk	[tɛrtʃutʃuk]
lesionar (vt)	mencedera	[mntʃedɛra]
lesão (m)	cedera	[tʃedɛra]
ferida (f), ferimento (m)	cedera	[tʃedɛra]
trauma (m)	trauma	[trauma]
delirar (vi)	meracau	[mɛratʃau]
gaguejar (vi)	gagap	[gagap]
insolação (f)	strok matahari	[strok matahari]

49. Sintomas. Tratamentos. Parte 2

dor (f)	sakit	[sakit]
farpa (no dedo)	selumbar	[sɛlumbar]
suor (m)	peluh	[pɛluh]
suar (vi)	berpeluh	[bɛrpɛluh]
vómito (m)	muntah	[muntah]
convulsões (f pl)	kekejangan	[kɛkɛdʒaŋan]
grávida	hamil	[hamil]
nascer (vi)	dilahirkan	[dilahirkan]
parto (m)	kelahiran	[kɛlahiran]
dar à luz	melahirkan	[mɛlahirkan]
aborto (m)	pengguguran anak	[pɛŋguguran anak]
respiração (f)	pernafasan	[pɛrnafasan]
inspiração (f)	tarikan nafas	[tarikan nafas]
expiração (f)	penghembusan nafas	[pɛŋɣɛmbusan nafas]
expirar (vi)	menghembuskan nafas	[mɛŋɣɛmbuskan nafas]
inspirar (vi)	menarik nafas	[mɛnarik nafas]
inválido (m)	orang kurang upaya	[oraŋ kuraŋ upaja]
aleijado (m)	orang kurang upaya	[oraŋ kuraŋ upaja]

toxicodependente (m)	penagih dadah	[pɛnagih dadah]
surdo	tuli	[tuli]
mudo	bisu	[bisu]
surdo-mudo	bisu tuli	[bisu tuli]

louco (adj.)	gila	[gila]
louco (m)	lelaki gila	[lɛlaki gila]
louca (f)	perempuan gila	[pɛrɛmpuan gila]
ficar louco	menjadi gila	[mɛndʒadi gila]

gene (m)	gen	[gen]
imunidade (f)	kekebalan	[kɛkɛbalan]
hereditário	pusaka, warisan	[pusaka], [varisan]
congénito	bawaan	[bavaan]

vírus (m)	virus	[virus]
micróbio (m)	kuman	[kuman]
bactéria (f)	kuman	[kuman]
infeção (f)	jangkitan	[dʒaŋkitan]

50. Sintomas. Tratamentos. Parte 3

hospital (m)	hospital	[hospital]
paciente (m)	pesakit	[pɛsakit]

diagnóstico (m)	diagnosis	[diagnosis]
cura (f)	rawatan	[ravatan]
tratamento (m) médico	rawatan	[ravatan]
curar-se (vr)	berubat	[bɛrubat]
tratar (vt)	merawat	[mɛravat]
cuidar (pessoa)	merawat	[mɛravat]
cuidados (m pl)	jagaan	[dʒagaan]

operação (f)	pembedahan, surgeri	[pɛmbɛdahan], [ˈsødʒeri]
enfaixar (vt)	membalut	[membalut]
enfaixamento (m)	pembalutan	[pɛmbalutan]

vacinação (f)	suntikan	[suntikan]
vacinar (vt)	menanam cacar	[mɛnanam tʃatʃar]
injeção (f)	cucukan, injeksi	[tʃutʃukan], [indʒeksi]
dar uma injeção	membuat suntikan	[mɛmbuat suntikan]

ataque (~ de asma, etc.)	serangan	[sɛraŋan]
amputação (f)	pemotongan	[pɛmotoŋan]
amputar (vt)	memotong	[mɛmotoŋ]
coma (f)	keadaan koma	[kɛadaan koma]
estar em coma	dalam keadaan koma	[dalam kɛadaan koma]
reanimação (f)	rawatan rapi	[ravatan rapi]

recuperar-se (vr)	sembuh	[sɛmbuh]
estado (~ de saúde)	keadaan	[kɛadaan]
consciência (f)	kesedaran	[kɛsedaran]
memória (f)	ingatan	[iŋatan]
tirar (vt)	mencabut	[mɛntʃabut]

chumbo (m), obturação (f) | tampal gigi | [tampal gigi]
chumbar, obturar (vt) | menampal | [mɛnampal]

hipnose (f) | hipnosis | [hipnosis]
hipnotizar (vt) | menghipnosis | [mɛŋɣipnosis]

51. Médicos

médico (m) | doktor | [doktor]
enfermeira (f) | jururawat | [dʒururavat]
médico (m) pessoal | doktor peribadi | [doktor pribadi]

dentista (m) | doktor gigi | [doktor gigi]
oculista (m) | doktor mata | [doktor mata]
terapeuta (m) | doktor am | [doktor am]
cirurgião (m) | doktor bedah | [doktor bɛdah]

psiquiatra (m) | doktor penyakit jiwa | [doktor pɛnjakit dʒiva]
pediatra (m) | doktor kanak-kanak | [doktor kanak kanak]
psicólogo (m) | pakar psikologi | [pakar psikologi]
ginecologista (m) | doktor sakit puan | [doktor sakit puan]
cardiologista (m) | pakar kardiologi | [pakar kardiologi]

52. Medicina. Drogas. Acessórios

medicamento (m) | ubat | [ubat]
remédio (m) | ubat | [ubat]
receitar (vt) | mempreskripsikan | [mɛmpreskripsikan]
receita (f) | preskripsi | [preskripsi]

comprimido (m) | pil | [pil]
pomada (f) | ubat sapu | [ubat sapu]
ampola (f) | ampul | [ampul]
preparado (m) | ubat cair | [ubat tʃair]
xarope (m) | sirup | [sirup]
cápsula (f) | pil | [pil]
remédio (m) em pó | serbuk | [sɛrbuk]

ligadura (f) | kain pembalut | [kain pɛmbalut]
algodão (m) | kapas | [kapas]
iodo (m) | iodin | [iodin]

penso (m) rápido | plaster | [plastɛr]
conta-gotas (m) | pipet | [pipet]
termómetro (m) | meter suhu | [metɛr suhu]
seringa (f) | picagari | [pitʃagari]

cadeira (f) de rodas | kerusi roda | [krusi roda]
muletas (f pl) | tongkat ketiak | [toŋkat kɛtiak]

analgésico (m) | ubat penahan sakit | [ubat pɛnahan sakit]
laxante (m) | julap | [dʒulap]

álcool (m) etílico	**alkohol**	[alkohol]
ervas (f pl) medicinais	**herba perubatan**	[hɛrba pɛrubatan]
de ervas (chá ~)	**herba**	[hɛrba]

HABITAT HUMANO

Cidade

53. Cidade. Vida na cidade

cidade (f)	bandar	[bandar]
capital (f)	ibu negara	[ibu nɛgara]
aldeia (f)	kampung	[kampuŋ]
mapa (m) da cidade	pelan bandar	[plan bandar]
centro (m) da cidade	pusat bandar	[pusat bandar]
subúrbio (m)	pinggir bandar	[piŋgir bandar]
suburbano	pinggir bandar	[piŋgir bandar]
periferia (f)	pinggir	[piŋgir]
arredores (m pl)	persekitaran	[pɛrɛekitaran]
quarteirão (m)	blok	[blok]
quarteirão (m) residencial	blok kediaman	[blok kɛdiaman]
tráfego (m)	lalu lintas, trafik	[lalu lintas], [trafik]
semáforo (m)	lampu isyarat	[lampu iɕarat]
transporte (m) público	pengangkutan awam bandar	[pɛŋaŋkutan avam bandar]
cruzamento (m)	persimpangan	[pɛrsimpaɲan]
passadeira (f)	lintasan pejalan kaki	[lintasan pɛdʒalan kaki]
passagem (f) subterrânea	terowong pejalan kaki	[tɛrovoŋ pɛdʒalan kaki]
cruzar, atravessar (vt)	melintas	[mɛlintas]
peão (m)	pejalan kaki	[pɛdʒalan kaki]
passeio (m)	kaki lima	[kaki lima]
ponte (f)	jambatan	[dʒambatan]
margem (f) do rio	jalan tepi sungai	[dʒalan tɛpi suŋaj]
fonte (f)	pancutan air	[pantʃutan air]
alameda (f)	lorong	[loroŋ]
parque (m)	taman	[taman]
bulevar (m)	boulevard	[bulevard]
praça (f)	dataran	[dataran]
avenida (f)	lebuh	[lɛbuh]
rua (f)	jalan	[dʒalan]
travessa (f)	lorong	[loroŋ]
beco (m) sem saída	buntu	[buntu]
casa (f)	rumah	[rumah]
edifício, prédio (m)	bangunan	[baɲunan]
arranha-céus (m)	cakar langit	[tʃakar laɲit]
fachada (f)	muka	[muka]

telhado (m)	bumbung	[bumbuŋ]
janela (f)	tingkap	[tiŋkap]
arco (m)	lengkung	[lɛŋkuŋ]
coluna (f)	tiang	[tiaŋ]
esquina (f)	sudut	[sudut]

montra (f)	cermin pameran	[ʧɛrmin pameran]
letreiro (m)	papan nama	[papan nama]
cartaz (m)	poster	[postɛr]
cartaz (m) publicitário	poster iklan	[postɛr iklan]
painel (m) publicitário	papan iklan	[papan iklan]

lixo (m)	sampah	[sampah]
cesta (f) do lixo	tong sampah	[toŋ sampah]
jogar lixo na rua	menyepah	[mɛnjepah]
aterro (m) sanitário	tempat sampah	[tɛmpat sampah]

cabine (f) telefónica	pondok telefon	[pondok telefon]
candeeiro (m) de rua	tiang lampu jalan	[tiaŋ lampu dʒalan]
banco (m)	bangku	[baŋku]

polícia (m)	anggota polis	[aŋgota polis]
polícia (instituição)	polis	[polis]
mendigo (m)	pengemis	[pɛŋɛmis]
sem-abrigo (m)	orang yang tiada tempat berteduh	[oraŋ jaŋ tiada tɛmpat bɛrtɛduh]

54. Instituições urbanas

loja (f)	kedai	[kɛdaj]
farmácia (f)	kedai ubat	[kɛdaj ubat]
ótica (f)	kedai optik	[kɛdaj optik]
centro (m) comercial	pusat membeli-belah	[pusat membli blah]
supermercado (m)	pasaraya	[pasaraja]

padaria (f)	kedai roti	[kɛdaj roti]
padeiro (m)	pembakar roti	[pɛmbakar roti]
pastelaria (f)	kedai kuih	[kɛdaj kuih]
mercearia (f)	barang-barang runcit	[baraŋ baraŋ runʧit]
talho (m)	kedai daging	[kɛdaj dagiŋ]

| loja (f) de legumes | kedai sayur | [kɛdaj sajur] |
| mercado (m) | pasar | [pasar] |

café (m)	kedai kopi	[kɛdaj kopi]
restaurante (m)	restoran	[restoran]
bar (m), cervejaria (f)	kedai bir	[kɛdaj bir]
pizzaria (f)	kedai piza	[kɛdaj piza]

salão (m) de cabeleireiro	kedai gunting rambut	[kɛdaj guntiŋ rambut]
correios (m pl)	pejabat pos	[pɛdʒabat pos]
lavandaria (f)	kedai cucian kering	[kedaj ʧuʧian kɛriŋ]
estúdio (m) fotográfico	studio foto	[studio foto]
sapataria (f)	kedai kasut	[kɛdaj kasut]

| livraria (f) | kedai buku | [kɛdaj buku] |
| loja (f) de artigos de desporto | kedai barang sukan | [kɛdaj baraŋ sukan] |

reparação (f) de roupa	pembaikan baju	[pɛmbaikan badʒu]
aluguer (m) de roupa	sewaan kostum	[sevaan kostum]
aluguer (m) de filmes	sewa filem	[seva filɛm]

circo (m)	sarkas	[sarkas]
jardim (m) zoológico	zoo	[zu]
cinema (m)	pawagam	[pavagam]
museu (m)	muzium	[muzium]
biblioteca (f)	perpustakaan	[pɛrpustakaan]

teatro (m)	teater	[teatɛr]
ópera (f)	opera	[opɛra]
clube (m) noturno	kelab malam	[klab malam]
casino (m)	kasino	[kasino]

mesquita (f)	masjid	[masdʒid]
sinagoga (f)	saumaah	[saumaah]
catedral (f)	katedral	[katɛdral]
templo (m)	rumah ibadat	[rumah ibadat]
igreja (f)	gereja	[gɛredʒa]

instituto (m)	institut	[institut]
universidade (f)	universiti	[univɛrsiti]
escola (f)	sekolah	[sɛkolah]

prefeitura (f)	prefekture	[prefekturɛ]
câmara (f) municipal	dewan bandaran	[devan bandaran]
hotel (m)	hotel	[hotel]
banco (m)	bank	[baŋk]

embaixada (f)	kedutaan besar	[kɛdutaan bɛsar]
agência (f) de viagens	agensi pelancongan	[agensi pɛlantʃoŋan]
agência (f) de informações	pejabat penerangan	[pɛdʒabat pɛnɛraŋan]
casa (f) de câmbio	pusat pertukaran mata wang	[pusat pɛrtukaran mata vaŋ]

| metro (m) | LRT | [ɛl ar ti] |
| hospital (m) | hospital | [hospital] |

| posto (m) de gasolina | stesen minyak | [stesen minjak] |
| parque (m) de estacionamento | tempat letak kereta | [tɛmpat lɛtak kreta] |

55. Sinais

letreiro (m)	papan nama	[papan nama]
inscrição (f)	tulisan	[tulisan]
cartaz, póster (m)	poster	[postɛr]
sinal (m) informativo	penunjuk	[pɛnundʒuk]
seta (f)	anak panah	[anak panah]
aviso (advertência)	peringatan	[pɛriŋatan]
sinal (m) de aviso	amaran	[amaran]

avisar, advertir (vt)	memperingati	[mɛmpɛriŋati]
dia (m) de folga	hari kelepasan	[hari kɛlɛpasan]
horário (m)	jadual waktu	[dʒadual vaktu]
horário (m) de funcionamento	waktu pejabat	[vaktu pɛdʒabat]
BEM-VINDOS!	SELAMAT DATANG!	[sɛlamat dataŋ]
ENTRADA	MASUK	[masuk]
SAÍDA	KELUAR	[kɛluar]
EMPURRE	TOLAK	[tolak]
PUXE	TARIK	[tarik]
ABERTO	BUKA	[buka]
FECHADO	TUTUP	[tutup]
MULHER	PEREMPUAN	[pɛrɛmpuan]
HOMEM	LELAKI	[lɛlaki]
DESCONTOS	POTONGAN	[potoŋan]
SALDOS	JUALAN MURAH	[dʒualan murah]
NOVIDADE!	BARU!	[baru]
GRÁTIS	PERCUMA	[pɛrtʃuma]
ATENÇÃO!	PERHATIAN!	[pɛrhatian]
NÃO HÁ VAGAS	TIDAK ADA TEMPAT DUDUK YANG KOSONG	[tidak ada tɛmpat duduk jaŋ kosoŋ]
RESERVADO	DITEMPAH	[ditɛmpah]
ADMINISTRAÇÃO	PENTADBIRAN	[pɛntadbiran]
SOMENTE PESSOAL AUTORIZADO	KAKITANGAN SAJA	[kakitaŋan sadʒa]
CUIDADO CÃO FEROZ	AWAS, ANJING GANAS!	[avas], [andʒiŋ ganas]
PROIBIDO FUMAR!	DILARANG MEROKOK!	[dilaraŋ mɛrokok]
NÃO TOCAR	JANGAN SENTUH!	[dʒaŋan sɛntuh]
PERIGOSO	BERBAHAYA	[bɛrbahaja]
PERIGO	BAHAYA	[bahaja]
ALTA TENSÃO	VOLTAN TINGGI	[voltan tiŋgi]
PROIBIDO NADAR	DILARANG BERENANG!	[dilaraŋ bɛrɛnaŋ]
AVARIADO	ROSAK	[rosak]
INFLAMÁVEL	MUDAH TERBAKAR	[mudah tɛrbakar]
PROIBIDO	DILARANG	[dilaraŋ]
ENTRADA PROIBIDA	DILARANG MASUK!	[dilaraŋ masuk]
CUIDADO TINTA FRESCA	CAT BASAH	[tʃat basah]

56. Transportes urbanos

autocarro (m)	bas	[bas]
elétrico (m)	trem	[trem]
troleicarro (m)	bas elektrik	[bas elektrik]
itinerário (m)	laluan	[laluan]
número (m)	nombor	[nombor]
ir de … (carro, etc.)	naik	[naik]

entrar (~ no autocarro)	naik	[naik]
descer de ...	turun	[turun]
paragem (f)	perhentian	[pɛrhɛntian]
próxima paragem (f)	perhentian berikut	[pɛrhɛntian bɛrikut]
ponto (m) final	perhentian akhir	[pɛrhɛntian axir]
horário (m)	jadual waktu	[dʒadual vaktu]
esperar (vt)	menunggu	[mɛnuŋgu]
bilhete (m)	tiket	[tiket]
custo (m) do bilhete	harga tiket	[harga tiket]
bilheteiro (m)	juruwang, kasyier	[dʒuruvaŋ], [kaʃier]
controlo (m) dos bilhetes	pemeriksaan tiket	[pɛmɛriksaan tiket]
revisor (m)	konduktor	[konduktor]
atrasar-se (vr)	lambat	[lambat]
perder (o autocarro, etc.)	ketinggalan	[kɛtiŋgalan]
estar com pressa	tergesa-gesa	[tɛrgɛsa gɛsa]
táxi (m)	teksi	[teksi]
taxista (m)	pemandu teksi	[pɛmandu teksi]
de táxi (ir ~)	naik teksi	[naik tɛksi]
praça (f) de táxis	perhentian teksi	[pɛrhɛntian teksi]
chamar um táxi	memanggil teksi	[mɛmaŋgil teksi]
apanhar um táxi	mengambil teksi	[mɛɲambil teksi]
tráfego (m)	lalu lintas, trafik	[lalu lintas], [trafik]
engarrafamento (m)	kesesakan trafik	[kɛsɛsakan trafik]
horas (f pl) de ponta	jam sibuk	[dʒam sibuk]
estacionar (vi)	meletak kereta	[mɛlɛtak kreta]
estacionar (vt)	meletak	[mɛlɛtak]
parque (m) de estacionamento	tempat meletak	[tɛmpat mɛlɛtak]
metro (m)	LRT	[ɛl ar ti]
estação (f)	stesen	[stesen]
ir de metro	naik LRT	[naik ɛl ar ti]
comboio (m)	kereta api, tren	[kreta api], [tren]
estação (f)	stesen kereta api	[stesen kreta api]

57. Turismo

monumento (m)	tugu	[tugu]
fortaleza (f)	kubu	[kubu]
palácio (m)	istana	[istana]
castelo (m)	istana kota	[istana kota]
torre (f)	menara	[mɛnara]
mausoléu (m)	mausoleum	[mausoleum]
arquitetura (f)	seni bina	[sɛni bina]
medieval	abad pertengahan	[abad pɛrtɛŋahan]
antigo	kuno	[kuno]
nacional	nasional	[nasional]
conhecido	terkenal	[tɛrkɛnal]

turista (m)	pelancong	[pɛlantʃoŋ]
guia (pessoa)	pemandu	[pɛmandu]
excursão (f)	darmawisata	[darmavisata]
mostrar (vt)	menunjukkan	[mɛnundʒukkan]
contar (vt)	menceritakan	[mɛntʃɛritakan]
encontrar (vt)	mendapati	[mɛndapati]
perder-se (vr)	kehilangan	[kɛhilaŋan]
mapa (~ do metrô)	peta	[pɛta]
mapa (~ da cidade)	pelan	[plan]
lembrança (f), presente (m)	cenderamata	[tʃɛndramata]
loja (f) de presentes	kedai cenderamata	[kedaj tʃɛndramata]
fotografar (vt)	mengambil gambar	[mɛŋambil gambar]
fotografar-se	bergambar	[bɛrgambar]

58. Compras

comprar (vt)	membeli	[mɛmbli]
compra (f)	belian	[blian]
fazer compras	membeli-belah	[mɛmbli blah]
compras (f pl)	berbelanja	[bɛrblandʒa]
estar aberta (loja, etc.)	buka	[buka]
estar fechada	tutup	[tutup]
calçado (m)	kasut	[kasut]
roupa (f)	pakaian	[pakajan]
cosméticos (m pl)	alat solek	[alat solek]
alimentos (m pl)	bahan makanan	[bahan makanan]
presente (m)	hadiah	[hadiah]
vendedor (m)	penjual	[pɛndʒual]
vendedora (f)	jurujual perempuan	[dʒurudʒual pɛrɛmpuan]
caixa (f)	tempat juruwang	[tɛmpat dʒuruvaŋ]
espelho (m)	cermin	[tʃɛrmin]
balcão (m)	kaunter	[kaunter]
cabine (f) de provas	bilik acu	[bilik atʃu]
provar (vt)	mencuba	[mɛntʃuba]
servir (vi)	sesuai	[sɛsuaj]
gostar (apreciar)	suka	[suka]
preço (m)	harga	[harga]
etiqueta (f) de preço	tanda harga	[tanda harga]
custar (vt)	berharga	[bɛrharga]
Quanto?	Berapa?	[brapa]
desconto (m)	potongan	[potoŋan]
não caro	tidak mahal	[tidak mahal]
barato	murah	[murah]
caro	mahal	[mahal]
É caro	Ini mahal	[ini mahal]

aluguer (m)	sewaan	[sevaan]
alugar (vestidos, etc.)	menyewa	[mɛnjeva]
crédito (m)	pinjaman	[pindʒaman]
a crédito	dengan pinjaman sewa beli	[dɛŋan pindʒaman seva eli]

59. Dinheiro

dinheiro (m)	wang	[vaŋ]
câmbio (m)	pertukaran	[pɛrtukaran]
taxa (f) de câmbio	kadar pertukaran	[kadar pɛrtukaran]
Caixa Multibanco (m)	ATM	[ɛj ti ɛm]
moeda (f)	syiling	[ʃiliŋ]
dólar (m)	dolar	[dolar]
euro (m)	euro	[euro]
lira (f)	lire Itali	[lirɛ itali]
marco (m)	Deutsche Mark	[dojtʃe mark]
franco (m)	franc	[fraŋk]
libra (f) esterlina	paun	[paun]
iene (m)	yen	[jen]
dívida (f)	hutang	[hutaŋ]
devedor (m)	si berhutang	[si bɛrhutaŋ]
emprestar (vt)	meminjamkan	[mɛmindʒamkan]
pedir emprestado	meminjam	[mɛmindʒam]
banco (m)	bank	[baŋk]
conta (f)	akaun	[akaun]
depositar (vt)	memasukkan	[mɛmasukkan]
depositar na conta	memasukkan ke dalam akaun	[mɛmasukkan ke dalam akaun]
levantar (vt)	mengeluarkan wang	[mɛŋɛluarkan vaŋ]
cartão (m) de crédito	kad kredit	[kad kredit]
dinheiro (m) vivo	wang tunai	[vaŋ tunaj]
cheque (m)	cek	[tʃek]
passar um cheque	menulis cek	[mɛnulis tʃek]
livro (m) de cheques	buku cek	[buku tʃek]
carteira (f)	beg duit	[beg duit]
porta-moedas (m)	dompet	[dompet]
cofre (m)	peti besi	[pɛti bɛsi]
herdeiro (m)	pewaris	[pɛvaris]
herança (f)	warisan	[varisan]
fortuna (riqueza)	kekayaan	[kɛkajaan]
arrendamento (m)	sewa	[seva]
renda (f) de casa	sewa rumah	[seva rumah]
alugar (vt)	menyewa	[mɛnjeva]
preço (m)	harga	[harga]
custo (m)	kos	[kos]

soma (f)	jumlah	[dʒumlah]
gastar (vt)	menghabiskan	[mɛɲɣabiskan]
gastos (m pl)	belanja	[blandʒa]
economizar (vi)	menjimatkan	[mɛndʒimatkan]
económico	cermat	[ʧɛrmat]

pagar (vt)	membayar	[mɛmbajar]
pagamento (m)	pembayaran	[pɛmbajaran]
troco (m)	sisa wang	[sisa vaŋ]

imposto (m)	cukai	[ʧukaj]
multa (f)	denda	[dɛnda]
multar (vt)	mendenda	[mɛndɛnda]

60. Correios. Serviço postal

correios (m pl)	pejabat pos	[pɛdʒabat pos]
correio (m)	mel	[mel]
carteiro (m)	posmen	[posmen]
horário (m)	waktu pejabat	[vaktu pɛdʒabat]

carta (f)	surat	[surat]
carta (f) registada	surat berdaftar	[surat bɛrdaftar]
postal (m)	poskad	[poskad]
telegrama (m)	telegram	[telegram]
encomenda (f) postal	kiriman pos	[kiriman pos]
remessa (f) de dinheiro	kiriman wang	[kiriman vaŋ]

receber (vt)	menerima	[mɛnɛrima]
enviar (vt)	mengirim	[mɛŋirim]
envio (m)	pengiriman	[pɛŋiriman]

endereço (m)	alamat	[alamat]
código (m) postal	poskod	[poskod]
remetente (m)	pengirim	[pɛŋirim]
destinatário (m)	penerima	[pɛnɛrima]

nome (m)	nama	[nama]
apelido (m)	nama keluarga	[nama kɛluarga]

tarifa (f)	tarif	[tarif]
ordinário	biasa, lazim	[biasa], [lazim]
económico	ekonomik	[ekonomik]

peso (m)	berat	[brat]
pesar (estabelecer o peso)	menimbang	[mɛnimbaŋ]
envelope (m)	sampul surat	[sampul surat]
selo (m)	setem	[sɛtem]
colar o selo	melekatkan setem	[mɛlɛkatkan ɛetem]

Moradia. Casa. Lar

61. Casa. Eletricidade

eletricidade (f)	t'naga elektrik	[tenaga elektrik]
lâmpada (f)	bal lampu	[bal lampu]
interruptor (m)	suis	[suis]
fusível (m)	fius	[fius]
fio, cabo (m)	kawat, wayar	[kavat], [vajar]
instalação (f) elétrica	pemasangan wayar	[pɛmasaŋan vajar]
contador (m) de eletricidade	meter elektrik	[metɛr elektrik]
indicação (f), registo (m)	bacaan	[baʧaan]

62. Moradia. Mansão

casa (f) de campo	rumah luar bandar	[rumah luar bandar]
vila (f)	vila	[vila]
ala (~ do edifício)	sayap	[sajap]
jardim (m)	kebun	[kɛbun]
parque (m)	taman	[taman]
estufa (f)	rumah hijau	[rumah hiʤau]
cuidar de ...	memelihara	[mɛmɛlihara]
piscina (f)	kolam renang	[kolam rɛnaŋ]
ginásio (m)	gimnasium	[gimnasium]
campo (m) de ténis	gelanggang tenis	[gɛlaŋgaŋ tenis]
cinema (m)	pawagam	[pavagam]
garagem (f)	garaj	[garaʤ]
propriedade (f) privada	harta benda persendirian	[harta bɛnda pɛrsɛndirian]
terreno (m) privado	ladang persendirian	[ladaŋ pɛrsɛndirian]
advertência (f)	peringatan	[pɛriŋatan]
sinal (m) de aviso	tulisan amaran	[tulisan amaran]
guarda (f)	kawalan keselamatan	[kavalan kɛsɛlamatan]
guarda (m)	pengawal keselamatan	[pɛŋaval kɛsɛlamatan]
alarme (m)	alat penggera	[alat pɛŋgɛra]

63. Apartamento

apartamento (m)	pangsapuri	[paŋsapuri]
quarto (m)	bilik	[bilik]
quarto (m) de dormir	bilik tidur	[bilik tidur]

sala (f) de jantar	bilik makan	[bilik makan]
sala (f) de estar	ruang tamu	[ruaŋ tamu]
escritório (m)	bilik bacaan	[bilik batʃaan]

antessala (f)	ruang depan	[ruaŋ dɛpan]
quarto (m) de banho	bilik mandi	[bilik mandi]
toilette (lavabo)	tandas	[tandas]

teto (m)	siling	[siliŋ]
chão, soalho (m)	lantai	[lantaj]
canto (m)	sudut	[sudut]

64. Mobiliário. Interior

mobiliário (m)	perabot	[pɛrabot]
mesa (f)	meja	[medʒa]
cadeira (f)	kerusi	[krusi]
cama (f)	katil	[katil]

divã (m)	sofa	[sofa]
cadeirão (m)	kerusi tangan	[krusi taŋan]

estante (f)	almari buku	[almari buku]
prateleira (f)	rak	[rak]

guarda-vestidos (m)	almari	[almari]
cabide (m) de parede	tempat sangkut baju	[tɛmpat saŋkut badʒu]
cabide (m) de pé	penyangkut kot	[pɛnjaŋkut kot]

cómoda (f)	almari laci	[almari latʃi]
mesinha (f) de centro	meja tamu	[medʒa tamu]

espelho (m)	cermin	[tʃɛrmin]
tapete (m)	permaidani	[pɛrmajdani]
tapete (m) pequeno	ambal	[ambal]

lareira (f)	perapian	[pɛrapian]
vela (f)	linlin	[linlin]
castiçal (m)	kaki dian	[kaki dian]

cortinas (f pl)	langsir	[laŋsir]
papel (m) de parede	kertas dinding	[kɛrtas dindiŋ]
estores (f pl)	kerai	[kraj]

candeeiro (m) de mesa	lampu meja	[lampu medʒa]
candeeiro (m) de parede	lampu dinding	[lampu dindiŋ]

candeeiro (m) de pé	lampu lantai	[lampu lantaj]
lustre (m)	candelier	[tʃandelir]

pé (de mesa, etc.)	kaki	[kaki]
braço (m)	lengan	[lɛŋan]
costas (f pl)	sandaran	[sandaran]
gaveta (f)	laci	[latʃi]

65. Quarto de dormir

roupa (f) de cama	linen	[linen]
almofada (f)	bantal	[bantal]
fronha (f)	sarung bantal	[saruŋ bantal]
cobertor (m)	selimut	[sɛlimut]
lençol (m)	kain cadar	[kain tʃadar]
colcha (f)	tutup tilam bantal	[tutup tilam bantal]

66. Cozinha

cozinha (f)	dapur	[dapur]
gás (m)	gas	[gas]
fogão (m) a gás	dapur gas	[dapur gas]
fogão (m) elétrico	dapur elektrik	[dapur elektrik]
forno (m)	oven	[oven]
forno (m) de micro-ondas	dapur gelombang mikro	[dapur gɛlombaŋ mikro]
frigorífico (m)	peti sejuk	[pɛti sɛdʒuk]
congelador (m)	petak sejuk beku	[petak sɛdʒuk bɛku]
máquina (f) de lavar louça	mesin basuh pinggan mangkuk	[mesin basuh piŋgan maŋkuk]
moedor (m) de carne	pengisar daging	[pɛŋisar dagiŋ]
espremedor (m)	pemerah jus	[pɛmɛrah dʒus]
torradeira (f)	pembakar roti	[pɛmbakar roti]
batedeira (f)	pengadun	[pɛŋadun]
máquina (f) de café	pembuat kopi	[pɛmbuat kopi]
cafeteira (f)	kole kopi	[kole kopi]
moinho (m) de café	pengisar kopi	[pɛŋisar kopi]
chaleira (f)	cerek	[tʃerek]
bule (m)	poci	[potʃi]
tampa (f)	tutup	[tutup]
coador (m) de chá	penapis the	[pɛnapis teh]
colher (f)	sudu	[sudu]
colher (f) de chá	sudu teh	[sudu teh]
colher (f) de sopa	sudu makan	[sudu makan]
garfo (m)	garpu	[garpu]
faca (f)	pisau	[pisau]
louça (f)	pinggan mangkuk	[piŋgan maŋkuk]
prato (m)	pinggan	[piŋgan]
pires (m)	alas cawan	[alas tʃavan]
cálice (m)	gelas wain kecil	[glas vajn ketʃil]
copo (m)	gelas	[glas]
chávena (f)	cawan	[tʃavan]
açucareiro (m)	tempat gula	[tɛmpat gula]
saleiro (m)	tempat garam	[tɛmpat garam]

pimenteiro (m)	tempat lada	[tɛmpat lada]
manteigueira (f)	tempat mentega	[tɛmpat mɛntega]
panela, caçarola (f)	periuk	[priuk]
frigideira (f)	kuali	[kuali]
concha (f)	sendok	[sendok]
passador (m)	alat peniris	[alat pɛniris]
bandeja (f)	dulang	[dulaŋ]
garrafa (f)	botol	[botol]
boião (m) de vidro	balang	[balaŋ]
lata (f)	tin	[tin]
abre-garrafas (m)	pembuka botol	[pɛmbuka botol]
abre-latas (m)	pembuka tin	[pɛmbuka tin]
saca-rolhas (m)	skru gabus	[skru gabus]
filtro (m)	penapis	[pɛnapis]
filtrar (vt)	menapis	[mɛnapis]
lixo (m)	sampah	[sampah]
balde (m) do lixo	baldi sampah	[baldi sampah]

67. Casa de banho

quarto (m) de banho	bilik mandi	[bilik mandi]
água (f)	air	[air]
torneira (f)	pili	[pili]
água (f) quente	air panas	[air panas]
água (f) fria	air sejuk	[air sɛdʒuk]
pasta (f) de dentes	ubat gigi	[ubat gigi]
escovar os dentes	memberus gigi	[mɛmbɛrus gigi]
escova (f) de dentes	berus gigi	[bɛrus gigi]
barbear-se (vr)	bercukur	[bɛrtʃukur]
espuma (f) de barbear	buih cukur	[buih tʃukur]
máquina (f) de barbear	pisau cukur	[pisau tʃukur]
lavar (vt)	mencuci	[mɛntʃutʃi]
lavar-se (vr)	mandi	[mandi]
duche (m)	pancuran mandi	[pantʃuran mandi]
tomar um duche	mandi di bawah pancuran air	[mandi di bavah pantʃuran air]
banheira (f)	tab mandi	[tab mandi]
sanita (f)	mangkuk tandas	[maŋkuk tandas]
lavatório (m)	sink cuci tangan	[siŋk tʃutʃi taŋan]
sabonete (m)	sabun	[sabun]
saboneteira (f)	tempat sabun	[tɛmpat sabun]
esponja (f)	span	[span]
champô (m)	syampu	[ʃampu]
toalha (f)	tuala	[tuala]

roupão (m) de banho	jubah mandi	[dʒubah mandi]
lavagem (f)	pembasuhan	[pɛmbasuhan]
máquina (f) de lavar	mesin pembasuh	[mesin pɛmbasuh]
lavar a roupa	membasuh	[mɛmbasuh]
detergente (m)	serbuk pencuci	[serbuk pɛntʃutʃi]

68. Eletrodomésticos

televisor (m)	peti televisyen	[pɛti televiʃen]
gravador (m)	perakam	[pɛrakam]
videogravador (m)	perakam video	[pɛrakam video]
rádio (m)	pesawat radio	[pɛsavat radio]
leitor (m)	pemain	[pɛmajn]
projetor (m)	penayang video	[pɛnajaŋ video]
cinema (m) em casa	pawagam rumah	[pavagam rumah]
leitor (m) de DVD	pemain DVD	[pɛmajn di vi di]
amplificador (m)	penguat	[pɛŋwat]
console (f) de jogos	konsol permainan video	[konsol pɛrmajnan video]
câmara (f) de vídeo	kamera video	[kamera video]
máquina (f) fotográfica	kamera foto	[kamera foto]
câmara (f) digital	kamera digital	[kamera digital]
aspirador (m)	pembersih vakum	[pɛmbɛrsih vakum]
ferro (m) de engomar	seterika	[sɛtɛrika]
tábua (f) de engomar	papan seterika	[papan sɛtɛrika]
telefone (m)	telefon	[telefon]
telemóvel (m)	telefon bimbit	[telefon bimbit]
máquina (f) de escrever	mesin taip	[mesin tajp]
máquina (f) de costura	mesin jahit	[mesin dʒahit]
microfone (m)	mikrofon	[mikrofon]
auscultadores (m pl)	pendengar telinga	[pɛndɛŋar tɛliŋa]
controlo remoto (m)	alat kawalan jauh	[alat kawalan dʒauh]
CD (m)	cakera padat	[tʃakra padat]
cassete (f)	kaset	[kaset]
disco (m) de vinil	piring hitam	[piriŋ hitam]

ATIVIDADES HUMANAS

Emprego. Negócios. Parte 1

69. Escritório. O trabalho no escritório

escritório (~ de advogados)	pejabat	[pɛdʒabat]
escritório (do diretor, etc.)	pejabat	[pɛdʒabat]
receção (f)	meja sambut tetamu	[medʒa sambut tɛtamu]
secretário (m)	setiausaha	[sɛtiausaha]
diretor (m)	pengarah	[pɛŋarah]
gerente (m)	menejar	[mɛnedʒar]
contabilista (m)	akauntan	[akauntan]
empregado (m)	kakitangan	[kakitaŋan]
mobiliário (m)	perabot	[pɛrabot]
mesa (f)	meja	[medʒa]
cadeira (f)	kerusi tangan	[krusi taŋan]
bloco (m) de gavetas	almari kecil berlaci	[almari kɛtʃil bɛrlatʃi]
cabide (m) de pé	penyangkut kot	[pɛnjaŋkut kot]
computador (m)	komputer	[komputɛr]
impressora (f)	printer	[printɛr]
fax (m)	faks	[faks]
fotocopiadora (f)	mesin fotokopi	[mesin fotokopi]
papel (m)	kertas	[kɛrtas]
artigos (m pl) de escritório	alat-alat tulis	[alat alat tulis]
tapete (m) de rato	alas tetikus	[alas tɛtikus]
folha (f) de papel	helai	[hɛlaj]
pasta (f)	folder	[foldɛr]
catálogo (m)	katalog	[katalog]
diretório (f) telefónico	buku rujukan	[buku rudʒukan]
documentação (f)	dokumentasi	[dokumɛntasi]
brochura (f)	brosur	[brosur]
flyer (m)	surat sebaran	[surat sebaran]
amostra (f)	contoh	[tʃontoh]
formação (f)	latihan	[latihan]
reunião (f)	mesyuarat	[mɛɕuarat]
hora (f) de almoço	masa rehat	[masa rehat]
fazer uma cópia	membuat salinan	[mɛmbuat salinan]
tirar cópias	membuat salinan	[mɛmbuat salinan]
receber um fax	menerima faks	[mɛnɛrima faks]
enviar um fax	mengirim faks	[mɛɲirim faks]
fazer uma chamada	menelefon	[mɛnelefon]

responder (vt)	menjawab	[mɛndʒavab]
passar (vt)	menyambung	[mɛnjambuŋ]
marcar (vt)	menentukan	[mɛnɛntukan]
demonstrar (vt)	memperlihatkan	[mɛmpɛrlihatkan]
estar ausente	tidak hadir	[tidak hadir]
ausência (f)	ketidakhadiran	[kɛtidaxadiran]

70. Processos negociais. Parte 1

negócio (m)	usaha	[usaha]
ocupação (f)	pekerjaan	[pɛkɛrdʒaan]
firma, empresa (f)	firma	[firma]
companhia (f)	syarikat	[ɕarikat]
corporação (f)	perbadanan	[pɛrbadanan]
empresa (f)	perusahaan	[pɛrusahaan]
agência (f)	agensi	[agensi]
acordo (documento)	perjanjian	[pɛrdʒandʒian]
contrato (m)	kontrak	[kontrak]
acordo (transação)	transaksi	[transaksi]
encomenda (f)	tempahan	[tɛmpahan]
cláusulas (f pl), termos (m pl)	syarat, terma	[ɕarat], [tɛrma]
por grosso (adv)	secara borong	[sɛtʃara boroŋ]
por grosso (adj)	borongan	[boroŋan]
venda (f) por grosso	jualan borong	[dʒualan boroŋ]
a retalho	runcit	[runtʃit]
venda (f) a retalho	jualan runcit	[dʒualan runtʃit]
concorrente (m)	pesaing	[pɛsaiŋ]
concorrência (f)	persaingan	[pɛrsaiŋan]
competir (vi)	bersaing	[bɛrsaiŋ]
sócio (m)	rakan kongsi	[rakan koŋsi]
parceria (f)	kerakanan	[kɛrakanan]
crise (f)	krisis	[krisis]
bancarrota (f)	kebankrapan	[kɛbaŋkrapan]
entrar em falência	jatuh bengkrap	[dʒatuh baŋkrap]
dificuldade (f)	kesukaran	[kɛsukaran]
problema (m)	masalah	[masalah]
catástrofe (f)	kemalangan	[kɛmalaŋan]
economia (f)	ekonomi	[ekonomi]
económico	ekonomi	[ekonomi]
recessão (f) económica	kemerosotan ekonomi	[kɛmɛrosotan ekonomi]
objetivo (m)	tujuan	[tudʒuan]
tarefa (f)	tugas	[tugas]
comerciar (vi, vt)	berdagang	[bɛrdagaŋ]
rede (de distribuição)	rangkaian	[raŋkajan]

| estoque (m) | stok | [stok] |
| sortimento (m) | pilihan | [pilihan] |

líder (m)	pemimpin	[pɛmimpin]
grande (~ empresa)	besar	[bɛsar]
monopólio (m)	monopoli	[monopoli]

teoria (f)	teori	[teori]
prática (f)	praktik	[praktik]
experiência (falar por ~)	pengalaman	[pɛŋalaman]
tendência (f)	tendensi	[tendɛnsi]
desenvolvimento (m)	perkembangan	[pɛrkɛmbaŋan]

71. Processos negociais. Parte 2

| rentabilidade (f) | keuntungan | [kɛuntuŋan] |
| rentável | menguntungkan | [mɛŋuntuŋkan] |

delegação (f)	delegasi	[delegasi]
salário, ordenado (m)	gaji, upah	[gadʒi], [upah]
corrigir (um erro)	memperbaiki	[mɛmpɛrbaiki]
viagem (f) de negócios	lawatan kerja	[lavatan kɛrdʒa]
comissão (f)	suruhanjaya	[suruhandʒaja]

controlar (vt)	mengawal	[mɛŋaval]
conferência (f)	persidangan	[pɛrsidaŋan]
licença (f)	lesen	[lesen]
confiável	boleh diharap	[bole diharap]

empreendimento (m)	inisiatif	[inisiatif]
norma (f)	standard	[standard]
circunstância (f)	keadaan	[kɛadaan]
dever (m)	tugas	[tugas]

empresa (f)	pertubuhan	[pɛrtubuhan]
organização (f)	pengurusan	[pɛŋurusan]
organizado	terurus	[tɛrurus]
anulação (f)	pembatalan	[pɛmbatalan]
anular, cancelar (vt)	membatalkan	[mɛmbatalkan]
relatório (m)	penyata	[pɛnjata]

patente (f)	paten	[paten]
patentear (vt)	berpaten	[bɛrpaten]
planear (vt)	merancang	[mɛrantʃaŋ]

prémio (m)	ganjaran	[gandʒaran]
profissional	profesional	[profesional]
procedimento (m)	prosedur	[prosedur]

examinar (a questão)	meninjau	[mɛnindʒau]
cálculo (m)	penghitungan	[pɛnɣituŋan]
reputação (f)	reputasi	[reputasi]
risco (m)	risiko	[risiko]
dirigir (~ uma empresa)	memimpin	[mɛmimpin]

informação (f)	data	[data]
propriedade (f)	milik	[milik]
união (f)	kesatuan	[kɛsatuan]

seguro (m) de vida	insurans nyawa	[insurans njava]
fazer um seguro	menginsurans	[mɛŋinsurans]
seguro (m)	insurans	[insurans]

leilão (m)	lelong	[lelɔŋ]
notificar (vt)	memberitahu	[mɛmbritahu]
gestão (f)	pengurusan	[pɛŋurusan]
serviço (indústria de ~s)	khidmat	[xidmat]

fórum (m)	forum	[forum]
funcionar (vi)	berfungsi	[bɛrfuŋsi]
estágio (m)	peringkat	[priŋkat]
jurídico	guaman	[guaman]
jurista (m)	peguam	[pɛguam]

72. Produção. Trabalhos

usina (f)	loji	[loʤi]
fábrica (f)	kilang	[kilaŋ]
oficina (f)	bengkel	[beŋkel]
local (m) de produção	perusahaan	[pɛrusahaan]

indústria (f)	industri	[industri]
industrial	industri	[industri]
indústria (f) pesada	industri berat	[industri brat]
indústria (f) ligeira	industri ringan	[industri riŋan]

produção (f)	hasil pengeluaran	[hasil pɛŋɛluaran]
produzir (vt)	mengeluarkan	[mɛŋɛluarkan]
matérias-primas (f pl)	bahan mentah	[bahan mɛntah]

chefe (m) de brigada	fomen	[fomen]
brigada (f)	kumpulan pekerja	[kumpulan pɛkɛrʤa]
operário (m)	buruh, pekerja	[buruh], [pɛkɛrʤa]

dia (m) de trabalho	hari kerja	[hari kɛrʤa]
pausa (f)	perhentian	[pɛrhɛntian]
reunião (f)	mesyuarat	[mɛɕuarat]
discutir (vt)	membincangkan	[mɛmbinʧaŋkan]

plano (m)	rancangan	[ranʧaŋan]
cumprir o plano	menunaikan rancangan	[mɛnunajkan ranʧaŋan]
taxa (f) de produção	norma keluaran	[norma kɛluaran]
qualidade (f)	mutu	[mutu]
controlo (m)	pemeriksaan	[pɛmɛriksaan]
controlo (m) da qualidade	pemeriksaan mutu	[pɛmɛriksaan mutu]

segurança (f) no trabalho	keselamatan kerja	[kɛsɛlamatan kɛrʤa]
disciplina (f)	disiplin	[disiplin]
infração (f)	pelanggaran	[pɛlaŋgaran]

violar (as regras)	melanggar	[mɛlaŋgar]
greve (f)	pemogokan	[pɛmogokan]
grevista (m)	pemogok	[pɛmogok]
estar em greve	mogok	[mogok]
sindicato (m)	kesatuan sekerja	[kɛsatuan sɛkɛrdʒa]

inventar (vt)	menemu	[mɛnɛmu]
invenção (f)	penemuan	[pɛnɛmuan]
pesquisa (f)	penyelidikan	[pɛnjelidikan]
melhorar (vt)	memperbaik	[mɛmpɛrbaik]
tecnologia (f)	teknologi	[teknologi]
desenho (m) técnico	rajah	[radʒah]

carga (f)	muatan	[muatan]
carregador (m)	pemuat	[pɛmuat]
carregar (vt)	memuat	[mɛmuat]
carregamento (m)	pemuatan	[pɛmuatan]
descarregar (vt)	memunggah	[mɛmuŋgah]
descarga (f)	pemunggahan	[pɛmuŋgahan]

transporte (m)	pengangkutan	[pɛŋaŋkutan]
companhia (f) de transporte	syarikat pengangkutan	[ɕarikat pɛŋaŋkutan]
transportar (vt)	mengangkut	[mɛŋaŋkut]

vagão (m) de carga	gerabak barang	[gɛrabak baraŋ]
cisterna (f)	tangki	[taŋki]
camião (m)	lori	[lori]

máquina-ferramenta (f)	mesin	[mesin]
mecanismo (m)	mekanisme	[mekanisme]

resíduos (m pl) industriais	sisa buangan	[sisa buaŋan]
embalagem (f)	pembungkusan	[pɛmbuŋkusan]
embalar (vt)	membungkus	[mɛmbuŋkus]

73. Contrato. Acordo

contrato (m)	kontrak	[kontrak]
acordo (m)	perjanjian	[pɛrdʒandʒian]
adenda (f), anexo (m)	lampiran	[lampiran]

assinar o contrato	membuat surat perjanjian	[mɛmbuat surat pɛrdʒandʒian]
assinatura (f)	tanda tangan	[tanda taŋan]
assinar (vt)	menandatangani	[mɛnandataŋani]
carimbo (m)	cap	[tɕap]

objeto (m) do contrato	subjek perjanjian	[subdʒek pɛrdʒandʒian]
cláusula (f)	fasal, perkara	[fasal], [pɛrkara]
partes (f pl)	pihak	[pihak]
morada (f) jurídica	alamat rasmi	[alamat rasmi]

violar o contrato	melanggar perjanjian	[mɛlaŋgar pɛrdʒandʒian]
obrigação (f)	kewajipan	[kɛvadʒipan]
responsabilidade (f)	tanggungjawab	[taŋguŋdʒavab]

força (f) maior   keadaan memaksa   [kɛadaan mɛmaksa]
litígio (m), disputa (f)   pertengkaran   [pɛrtɛŋkaran]
multas (f pl)   sekatan   [sɛkatan]

74. Importação & Exportação

importação (f)   import   [import]
importador (m)   pengimport   [pɛŋimport]
importar (vt)   mengimport   [mɛŋimport]
de importação   import   [import]

exportação (f)   eksport   [eksport]
exportador (m)   pengeksport   [pɛŋeksport]
exportar (vt)   mengeksport   [mɛŋeksport]
de exportação   eksport   [eksport]

mercadoria (f)   barangan   [baraŋan]
lote (de mercadorias)   konsainan   [konsajnan]

peso (m)   berat   [brat]
volume (m)   jumlah   [dʒumlah]
metro (m) cúbico   meter padu   [metɛr padu]

produtor (m)   pembuat   [pɛmbuat]
companhia (f) de transporte   syarikat pengangkutan   [ɕarikat pɛŋaŋkutan]
contentor (m)   kontena   [kontena]

fronteira (f)   sempadan   [sɛmpadan]
alfândega (f)   kastam   [kastam]
taxa (f) alfandegária   ikrar kastam   [ikrar kastam]
funcionário (m) da alfândega   anggota kastam   [aŋgota kastam]
contrabando (atividade)   penyeludupan   [pɛnjeludupan]
contrabando (produtos)   barang-barang seludupan   [baraŋ baraŋ sɛludupan]

75. Finanças

ação (f)   saham   [saham]
obrigação (f)   bon   [bon]
nota (f) promissória   bil pertukaran   [bil pɛrtukaran]

bolsa (f)   bursa   [bursa]
cotação (m) das ações   harga saham   [harga saham]

tornar-se mais barato   menjadi murah   [mɛndʒadi murah]
tornar-se mais caro   menjadi mahal   [mɛndʒadi mahal]

parte (f)   pangsa   [paŋsa]
participação (f) maioritária   saham majoriti   [saham madʒoriti]

investimento (m)   pelaburan   [pɛlaburan]
investir (vt)   melabur   [mɛlabur]
percentagem (f)   peratus   [pɛratus]

juros (m pl)	bunga	[buŋa]
lucro (m)	untung	[untuŋ]
lucrativo	beruntung	[bɛruntuŋ]
imposto (m)	cukai	[ʧukaj]

divisa (f)	mata wang	[mata vaŋ]
nacional	nasional	[nasional]
câmbio (m)	pertukaran	[pɛrtukaran]

contabilista (m)	akauntan	[akauntan]
contabilidade (f)	pejabat perakaunan	[pɛdʒabat pɛrakaunan]

bancarrota (f)	kebankrapan	[kɛbaŋkrapan]
falência (f)	kehancuran	[kɛhanʧuran]
ruína (f)	kebankrapan	[kɛbaŋkrapan]
arruinar-se (vr)	bankrap	[baŋkrap]
inflação (f)	inflasi	[inflasi]
desvalorização (f)	devaluisi	[devaluisi]

capital (m)	modal	[modal]
rendimento (m)	pendapatan	[pɛndapatan]
volume (m) de negócios	peredaran	[pɛredaran]
recursos (m pl)	wang	[vaŋ]
recursos (m pl) financeiros	sumber wang	[sumbɛr vaŋ]

despesas (f pl) gerais	kos tidak langsung	[kos tidak laŋsuŋ]
reduzir (vt)	mengurangkan	[mɛŋuraŋkan]

76. Marketing

marketing (m)	pemasaran	[pɛmasaran]
mercado (m)	pasaran	[pasaran]
segmento (m) do mercado	segmen pasaran	[segmɛn pasaran]
produto (m)	hasil	[hasil]
mercadoria (f)	barangan	[baraŋan]

marca (f)	jenama	[dʒɛnama]
marca (f) comercial	cap dagang	[ʧap dagaŋ]
logotipo (m)	logo	[logo]
logo (m)	logo	[logo]

demanda (f)	permintaan	[pɛrmintaan]
oferta (f)	penawaran	[pɛnavaran]
necessidade (f)	keperluan	[kɛpɛrluan]
consumidor (m)	pengguna	[pɛŋguna]

análise (f)	analisis	[analisis]
analisar (vt)	menganalisis	[mɛŋanalisis]
posicionamento (m)	penentududukan	[pɛnɛntududukan]
posicionar (vt)	menentukan kedudukan	[mɛnɛntukan kɛdudukan]

preço (m)	harga	[harga]
política (f) de preços	dasar harga	[dasar harga]
formação (f) de preços	pembentukan harga	[pɛmbentukan harga]

77. Publicidade

publicidade (f)	iklan	[iklan]
publicitar (vt)	mengiklankan	[mɛŋiklaŋkan]
orçamento (m)	bajet	[badʒet]
anúncio (m) publicitário	iklan	[iklan]
publicidade (f) televisiva	iklan TV	[iklan tivi]
publicidade (f) na rádio	iklan di radio	[iklan di radio]
publicidade (f) exterior	iklan luaran	[iklan luaran]
comunicação (f) de massa	sebaran am	[sebaran am]
periódico (m)	terbitan berkala	[tɛrbitan bɛrkala]
imagem (f)	imej	[imedʒ]
slogan (m)	slogan	[slogan]
mote (m), divisa (f)	motto	[motto]
campanha (f)	kempen	[kempen]
companha (f) publicitária	kempen iklan	[kempen iklan]
grupo (m) alvo	kelompok sasaran	[kɛlompok sasaran]
cartão (m) de visita	kad nama	[kad nama]
flyer (m)	surat sebaran	[surat sebaran]
brochura (f)	brosur	[brosur]
folheto (m)	brosur	[brosur]
boletim (~ informativo)	buletin	[bulɛtin]
letreiro (m)	papan nama	[papan nama]
cartaz, póster (m)	poster	[postɛr]
painel (m) publicitário	papan iklan	[papan iklan]

78. Banca

banco (m)	bank	[baŋk]
sucursal, balcão (f)	cawangan	[ʧavaŋan]
consultor (m)	perunding	[pɛrundiŋ]
gerente (m)	pengurus	[pɛŋurus]
conta (f)	akaun	[akaun]
número (m) da conta	nombor akaun	[nombor akaun]
conta (f) corrente	akaun semasa	[akaun sɛmasa]
conta (f) poupança	akaun simpanan	[akaun simpanan]
abrir uma conta	membuka akaun	[mɛmbuka akaun]
fechar uma conta	menutup akaun	[mɛnutup akaun]
depositar na conta	memasukkan wang ke dalam akaun	[mɛmasukkan vaŋ kɛ dalam akaun]
levantar (vt)	mengeluarkan wang	[mɛŋɛluarkan vaŋ]
depósito (m)	simpanan wang	[simpanan vaŋ]
fazer um depósito	memasukkan wang	[mɛmasukkan vaŋ]

transferência (f) bancária	transfer	[transfer]
transferir (vt)	mengirim duit	[mɛŋirim duit]
soma (f)	jumlah	[dʒumlah]
Quanto?	Berapa?	[brapa]
assinatura (f)	tanda tangan	[tanda taŋan]
assinar (vt)	menandatangani	[mɛnandataŋani]
cartão (m) de crédito	kad kredit	[kad kredit]
código (m)	kod	[kod]
número (m) do cartão de crédito	nombor kad kredit	[nombor kad kredit]
Caixa Multibanco (m)	ATM	[ɛj ti ɛm]
cheque (m)	cek	[tʃek]
passar um cheque	menulis cek	[mɛnulis tʃek]
livro (m) de cheques	buku cek	[buku tʃek]
empréstimo (m)	pinjaman	[pindʒaman]
pedir um empréstimo	meminta pinjaman	[mɛminta pindʒaman]
obter um empréstimo	mengambil pinjaman	[mɛŋambil pindʒaman]
conceder um empréstimo	memberi pinjaman	[mɛmbri pindʒaman]
garantia (f)	jaminan	[dʒaminan]

79. Telefone. Conversação telefónica

telefone (m)	telefon	[telefon]
telemóvel (m)	telefon bimbit	[telefon bimbit]
secretária (f) electrónica	mesin menjawab panggilan telefon	[mesin mɛndʒavab paŋgilan telefon]
fazer uma chamada	menelefon	[mɛnelefon]
chamada (f)	panggilan telefon	[paŋgilan telefon]
marcar um número	mendail nombor	[mɛndajl nombor]
Alô!	Helo!	[helo]
perguntar (vt)	menyoal	[mɛnjoal]
responder (vt)	menjawab	[mɛndʒavab]
ouvir (vt)	mendengar	[mɛndɛŋar]
bem	baik	[baik]
mal	buruk	[buruk]
ruído (m)	bising	[bisiŋ]
auscultador (m)	gagang	[gagaŋ]
pegar o telefone	mengankat gagang telefon	[mɛŋaŋkat gagaŋ telefon]
desligar (vi)	meletakkan gagang telefon	[mɛlɛtakkan gagaŋ telefon]
ocupado	sibuk	[sibuk]
tocar (vi)	berdering	[bɛrdɛriŋ]
lista (f) telefónica	buku panduan telefon	[buku panduan telefon]
local	tempatan	[tɛmpatan]

chamada (f) local	panggilan tempatan	[paŋgilan tɛmpatan]
de longa distância	antarabandar	[antarabandar]
chamada (f) de longa distância	panggilan antarabandar	[paŋgilan antarabandar]
internacional	antarabangsa	[antarabaŋsa]
chamada (f) internacional	panggilan antarabangsa	[paŋgilan antarabaŋsa]

80. Telefone móvel

telemóvel (m)	telefon bimbit	[telefon bimbit]
ecrã (m)	peranti paparan	[pɛranti paparan]
botão (m)	tombol	[tombol]
cartão SIM (m)	Kad SIM	[kad sim]
bateria (f)	bateri	[batɛri]
descarregar-se	nyahcas	[njahtʃas]
carregador (m)	pengecas	[pɛŋɛtʃas]
menu (m)	menu	[menu]
definições (f pl)	setting	[setiŋ]
melodia (f)	melodi nada dering	[melodi nada dɛriŋ]
escolher (vt)	memilih	[mɛmilih]
calculadora (f)	mesin hitung	[mesin hituŋ]
correio (m) de voz	mesin menjawab panggilan telefon	[mesin mɛndʒavab paŋgilan telefon]
despertador (m)	jam loceng	[dʒam lotʃeŋ]
contatos (m pl)	buku panduan telefon	[buku panduan telefon]
mensagem (f) de texto	SMS, khidmat pesanan ringkas	[ɛs ɛm ɛs], [hidmat pɛsanan riŋkas]
assinante (m)	pelanggan	[pɛlaŋgan]

81. Estacionário

caneta (f)	pena mata bulat	[pɛna mata bulat]
caneta (f) tinteiro	pena tinta	[pɛna tinta]
lápis (m)	pensel	[pensel]
marcador (m)	pen penyerlah	[pen pɛnjerlah]
caneta (f) de feltro	marker	[marker]
bloco (m) de notas	buku catatan	[buku tʃatatan]
agenda (f)	buku harian	[buku harian]
régua (f)	kayu pembaris	[kaju pɛmbaris]
calculadora (f)	mesin hitung	[mesin hituŋ]
borracha (f)	getah pemadam	[gɛtah pɛmadam]
pionés (m)	paku tekan	[paku tɛkan]
clipe (m)	klip kertas	[klip kɛrtas]
cola (f)	perekat	[pɛrɛkat]
agrafador (m)	pengokot	[pɛŋokot]

| furador (m) | penebuk | [pɛnɛbuk] |
| afia-lápis (m) | pengasah pensel | [pɛŋasah pensel] |

82. Tipos de negócios

serviços (m pl) de contabilidade	khidmat perakaunan	[χidmat pɛrakaunan]
publicidade (f)	iklan	[iklan]
agência (f) de publicidade	agensi periklanan	[agensi periklanan]
ar (m) condicionado	penghawa dingin	[pɛŋɣava diɲin]
companhia (f) aérea	syarikat penerbangan	[çarikat pɛnɛrbaŋan]

bebidas (f pl) alcoólicas	minuman keras	[minuman kras]
comércio (m) de antiguidades	antikuiti	[antikuiti]
galeria (f) de arte	balai seni lukis	[balaj sɛni lukis]
serviços (m pl) de auditoria	perkhidmatan audit	[pɛrχidmatan audit]

negócios (m pl) bancários	perniagaan perbankan	[pɛrniagaan pɛrbaŋkan]
bar (m)	bar	[bar]
salão (m) de beleza	salon kecantikan	[salon kɛtʃantikan]
livraria (f)	kedai buku	[kɛdaj buku]
cervejaria (f)	kilang bir	[kilaŋ bir]
centro (m) de escritórios	pusat perniagaan	[pusat pɛrniagaan]
escola (f) de negócios	sekolah perniagaan	[sɛkolah pɛrniagaan]

casino (m)	kasino	[kasino]
construção (f)	pembinaan	[pɛmbinaan]
serviços (m pl) de consultoria	perundingan	[pɛrundiŋan]

estomatologia (f)	pergigian	[pɛrgigian]
design (m)	reka bentuk	[reka bɛntuk]
farmácia (f)	kedai ubat	[kɛdaj ubat]
lavandaria (f)	kedai cucian kering	[kɛdaj tʃutʃian kɛriŋ]
agência (f) de emprego	agensi pekerjaan	[agensi pɛkɛrdʒaan]

serviços (m pl) financeiros	khidmat kewangan	[χidmat kɛvaŋan]
alimentos (m pl)	bahan makanan	[bahan makanan]
agência (f) funerária	rumah urus mayat	[rumah urus majat]
mobiliário (m)	perabot	[pɛrabot]
roupa (f)	pakaian	[pakajan]
hotel (m)	hotel	[hotel]

gelado (m)	ais krim	[ajs krim]
indústria (f)	industri	[industri]
seguro (m)	insurans	[insurans]
internet (f)	Internet	[intɛrnet]
investimento (m)	pelaburan	[pɛlaburan]

joalheiro (m)	tukang emas	[tukaŋ ɛmas]
joias (f pl)	barang-barang kemas	[baraŋ baraŋ kɛmas]
lavandaria (f)	dobi	[dobi]
serviços (m pl) jurídicos	khidmat guaman	[χidmat guaman]
indústria (f) ligeira	industri ringan	[industri riŋan]
revista (f)	majalah	[madʒalah]

vendas (f pl) por catálogo	perniagaan gaya pos	[pɛrniagaan gaja pos]
medicina (f)	perubatan	[pɛrubatan]
cinema (m)	pawagam	[pavagam]
museu (m)	muzium	[muzium]

agência (f) de notícias	syarikat berita	[ɕarikat brita]
jornal (m)	akhbar	[ahbar]
clube (m) noturno	kelab malam	[klab malam]

petróleo (m)	minyak	[minjak]
serviço (m) de encomendas	perkhidmatan kurier	[pɛrχidmatan kurir]
indústria (f) farmacêutica	farmasi	[farmasi]
poligrafia (f)	percetakan	[pɛrʧetakan]
editora (f)	penerbit	[pɛnɛrbit]

rádio (m)	radio	[radio]
imobiliário (m)	hartanah	[hartanah]
restaurante (m)	restoran	[restoran]

empresa (f) de segurança	agensi pengawal keselamatan	[agensi pɛŋaval kɛselamatan]
desporto (m)	sukan	[sukan]
bolsa (f)	bursa	[bursa]
loja (f)	kedai	[kɛdaj]
supermercado (m)	pasaraya	[pasaraja]
piscina (f)	kolam renang	[kolam rɛnaŋ]

alfaiataria (f)	kedai jahit	[kedaj dʒahit]
televisão (f)	televisyen	[televiʃɛn]
teatro (m)	teater	[teatɛr]
comércio (atividade)	perdagangan	[pɛrdagaŋan]
serviços (m pl) de transporte	pengangkutan	[pɛŋaŋkutan]
viagens (f pl)	pelancongan	[pɛlanʧoŋan]

veterinário (m)	pakar veterinar	[pakar vetɛrinar]
armazém (m)	stor	[stor]
recolha (f) do lixo	pengangkutan sampah	[pɛŋaŋkutan sampah]

Emprego. Negócios. Parte 2

83. Espetáculo. Feira

feira (f)	pameran	[pameran]
feira (f) comercial	pameran dagangan	[pameran daganan]
participação (f)	penyertaan	[pɛnjertaan]
participar (vi)	menyertai	[mɛnjertai]
participante (m)	peserta	[pɛserta]
diretor (m)	pengarah	[pɛŋarah]
direção (f)	pejabat pengelola	[pɛdʒabat pɛŋɛlola]
organizador (m)	pengurus	[pɛŋurus]
organizar (vt)	mengurus	[mɛŋurus]
ficha (f) de inscrição	borang penyertaan	[boraŋ pɛnjertaan]
preencher (vt)	mengisi	[mɛŋisi]
detalhes (m pl)	perincian	[pɛrintʃian]
informação (f)	maklumat	[maklumat]
preço (m)	harga	[harga]
incluindo	termasuk	[tɛrmasuk]
incluir (vt)	termasuk	[tɛrmasuk]
pagar (vt)	membayar	[mɛmbajar]
taxa (f) de inscrição	yuran pendaftaran	[juran pɛndaftaran]
entrada (f)	masuk	[masuk]
pavilhão (m)	gerai	[gɛraj]
inscrever (vt)	mendaftar	[mɛndaftar]
crachá (m)	lencana	[lɛntʃana]
stand (m)	gerai	[gɛraj]
reservar (vt)	menempah	[mɛnɛmpah]
vitrina (f)	almari kaca	[almari katʃa]
foco, spot (m)	lampu	[lampu]
design (m)	reka bentuk	[reka bɛntuk]
pôr, colocar (vt)	menempatkan	[mɛnɛmpatkan]
ser colocado, -a	bertempat	[bɛrtɛmpat]
distribuidor (m)	pengedar	[pɛŋedar]
fornecedor (m)	pembekal	[pɛmbɛkal]
fornecer (vt)	membekal	[mɛmbɛkal]
país (m)	negara	[nɛgara]
estrangeiro	asing	[asiŋ]
produto (m)	barangan	[baraŋan]
associação (f)	asosiasi	[asosiasi]
sala (f) de conferências	dewan persidangan	[devan pɛrsidaŋan]

congresso (m)   kongres   [koŋres]
concurso (m)   sayembara   [saɛmbara]

visitante (m)   pelawat   [pɛlavat]
visitar (vt)   melawat   [mɛlavat]
cliente (m)   pelanggan   [pɛlaŋgan]

84. Ciência. Investigação. Cientistas

ciência (f)   ilmu, sains   [ilmu], [sajns]
científico   saintifik   [saintifik]
cientista (m)   ilmuwan   [ilmuvan]
teoria (f)   teori   [teori]

axioma (m)   aksiom   [aksiom]
análise (f)   analisis   [analisis]
analisar (vt)   menganalisis   [mɛŋanalisis]
argumento (m)   hujah   [hudʒah]
substância (f)   jirim   [dʒirim]

hipótese (f)   hipotesis   [hipotesis]
dilema (m)   dilema   [dilema]
tese (f)   tesis   [tesis]
dogma (m)   dogma   [dogma]

doutrina (f)   doktrin   [doktrin]
pesquisa (f)   penyelidikan   [pɛnjelidikan]
pesquisar (vt)   mengkaji   [mɛŋkadʒi]
teste (m)   pengujian   [pɛŋudʒian]
laboratório (m)   makmal   [makmal]

método (m)   kaedah   [kaedah]
molécula (f)   molekul   [molekul]
monitoramento (m)   pemonitoran   [pɛmonitoran]
descoberta (f)   penemuan   [pɛnɛmuan]

postulado (m)   postulat   [postulat]
princípio (m)   prinsip   [prinsip]
prognóstico (previsão)   ramalan   [ramalan]
prognosticar (vt)   meramalkan   [mɛramalkan]

síntese (f)   sintesis   [sintesis]
tendência (f)   tendensi   [tendɛnsi]
teorema (m)   teorem   [teorem]

ensinamentos (m pl)   pelajaran   [pɛladʒaran]
facto (m)   fakta   [fakta]
expedição (f)   ekspedisi   [ekspedisi]
experiência (f)   percubaan   [pɛrtʃubaan]

académico (m)   ahli akademi   [ahli akademi]
bacharel (m)   sarjana muda   [sardʒana muda]
doutor (m)   doktor   [doktor]
docente (m)   Profesor Madya   [profesor madja]

mestre (m)	**Sarjana**	[sardʒana]
professor (m) catedrático	**profesor**	[profesor]

Profissões e ocupações

85. Procura de emprego. Demissão

trabalho (m)	kerja, pekerjaan	[kɛrdʒa], [pɛkɛrdʒaan]
equipa (f)	kakitangan	[kakitaŋan]
carreira (f)	kerjaya	[kɛrdʒaja]
perspetivas (f pl)	perspektif	[pɛrspektif]
mestria (f)	kemahiran	[kɛmahiran]
seleção (f)	pilihan	[pilihan]
agência (f) de emprego	agensi pekerjaan	[agensi pɛkɛrdʒaan]
CV, currículo (m)	biodata	[biodata]
entrevista (f) de emprego	temuduga	[tɛmuduga]
vaga (f)	lowongan	[lovoŋan]
salário (m)	gaji, upah	[gadʒi], [upah]
salário (m) fixo	gaji	[gadʒi]
pagamento (m)	pembayaran	[pɛmbajaran]
posto (m)	jawatan	[dʒavatan]
dever (do empregado)	tugas	[tugas]
gama (f) de deveres	bidang tugas	[bidaŋ tugas]
ocupado	sibuk	[sibuk]
despedir, demitir (vt)	memecat	[mɛmɛtʃat]
demissão (f)	pemecatan	[pɛmɛtʃatan]
desemprego (m)	pengangguran	[pɛŋaŋguran]
desempregado (m)	penggangur	[pɛŋgaŋgur]
reforma (f)	pencen	[pentʃen]
reformar-se	bersara	[bɛrsara]

86. Gente de negócios

diretor (m)	pengarah	[pɛŋarah]
gerente (m)	pengurus	[pɛŋurus]
patrão, chefe (m)	bos	[bos]
superior (m)	kepala	[kɛpala]
superiores (m pl)	pihak atasan	[pihak atasan]
presidente (m)	presiden	[presiden]
presidente (m) de direção	pengerusi	[pɛŋɛrusi]
substituto (m)	timbalan	[timbalan]
assistente (m)	pembantu	[pɛmbantu]
secretário (m)	setiausaha	[sɛtiausaha]

secretário (m) pessoal	setiausaha sulit	[sɛtiausaha sulit]
homem (m) de negócios	peniaga	[pɛniaga]
empresário (m)	pengusaha	[pɛŋusaha]
fundador (m)	pengasas	[pɛŋasas]
fundar (vt)	mengasaskan	[mɛŋasaskan]
fundador, sócio (m)	pengasas	[pɛŋasas]
parceiro, sócio (m)	rakan	[rakan]
acionista (m)	pemegang saham	[pɛmɛgaŋ saham]
milionário (m)	jutawan	[dʒutavan]
bilionário (m)	multijutawan	[multidʒutavan]
proprietário (m)	pemilik	[pɛmilik]
proprietário (m) de terras	tuan tanah	[tuan tanah]
cliente (m)	pelanggan	[pɛlaŋgan]
cliente (m) habitual	pelanggan tetap	[pɛlaŋgan tetap]
comprador (m)	pembeli	[pɛmbli]
visitante (m)	pelawat	[pɛlavat]
profissional (m)	profesional	[profesional]
perito (m)	pakar	[pakar]
especialista (m)	pakar	[pakar]
banqueiro (m)	pengurus bank	[pɛŋurus baŋk]
corretor (m)	broker	[brokɛr]
caixa (m, f)	juruwang, kasyier	[dʒuruvaŋ], [kaʃier]
contabilista (m)	akauntan	[akauntan]
guarda (m)	pengawal keselamatan	[pɛŋaval kɛsɛlamatan]
investidor (m)	pelabur	[pɛlabur]
devedor (m)	si berhutang	[si bɛrhutaŋ]
credor (m)	pemberi pinjaman	[pɛmbri pindʒaman]
mutuário (m)	peminjam	[pɛmindʒam]
importador (m)	pengimport	[pɛŋimport]
exportador (m)	pengeksport	[pɛŋeksport]
produtor (m)	pembuat	[pɛmbuat]
distribuidor (m)	pengedar	[pɛŋedar]
intermediário (m)	perantara	[pɛrantara]
consultor (m)	perunding	[pɛrundiŋ]
representante (m)	wakil	[vakil]
agente (m)	ejen	[edʒen]
agente (m) de seguros	ejen insurans	[edʒen insurans]

87. Profissões de serviços

cozinheiro (m)	tukang masak	[tukaŋ masak]
cozinheiro chefe (m)	kepala tukang masak	[kɛpala tukaŋ masak]
padeiro (m)	pembakar roti	[pɛmbakar roti]
barman (m)	pelayan bar	[pɛlajan bar]

empregado (m) de mesa	pelayan lelaki	[pɛlajan lɛlaki]
empregada (f) de mesa	pelayan perempuan	[pɛlajan pɛrɛmpuan]
advogado (m)	peguam	[pɛguam]
jurista (m)	peguam	[pɛguam]
notário (m)	notari awam	[notari avam]
eletricista (m)	juruelektrik	[dʒuruelektrik]
canalizador (m)	tukang paip	[tukaŋ pajp]
carpinteiro (m)	tukang kayu	[tukaŋ kaju]
massagista (m)	tukang urut lelaki	[tukaŋ urut lɛlaki]
massagista (f)	tukang urut perempuan	[tukaŋ urut pɛrɛmpuan]
médico (m)	doktor	[doktor]
taxista (m)	pemandu teksi	[pɛmandu teksi]
condutor (automobilista)	pemandu	[pɛmandu]
entregador (m)	kurier	[kurir]
camareira (f)	pengemas rumah	[pɛŋɛmas rumah]
guarda (m)	pengawal keselamatan	[pɛŋaval kɛsɛlamatan]
hospedeira (f) de bordo	pramugari	[pramugari]
professor (m)	guru	[guru]
bibliotecário (m)	pustakawan	[pustakavan]
tradutor (m)	penterjemah	[pɛntɛrdʒɛmah]
intérprete (m)	penterjemah	[pɛntɛrdʒɛmah]
guia (pessoa)	pemandu	[pɛmandu]
cabeleireiro (m)	tukang gunting rambut	[tukaŋ guntiŋ rambut]
carteiro (m)	posmen	[posmen]
vendedor (m)	jurujual	[dʒurudʒual]
jardineiro (m)	tukang kebun	[tukaŋ kɛbun]
criado (m)	pembantu rumah	[pɛmbantu rumah]
criada (f)	amah	[amah]
empregada (f) de limpeza	pembersih	[pɛmbɛrsih]

88. Profissões militares e postos

soldado (m) raso	prebet	[prebet]
sargento (m)	sarjan	[sardʒan]
tenente (m)	leftenan	[leftɛnan]
capitão (m)	kapten	[kaptɛn]
major (m)	mejar	[medʒar]
coronel (m)	kolonel	[kolonɛl]
general (m)	jeneral	[dʒɛnɛral]
marechal (m)	marsyal	[marʃal]
almirante (m)	laksamana	[laksamana]
militar (m)	anggota tentera	[aŋgota tɛntra]
soldado (m)	perajurit	[pradʒurit]
oficial (m)	pegawai	[pɛgavaj]

comandante (m)	pemerintah	[pɛmɛrintah]
guarda (m) fronteiriço	pengawal sempadan	[pɛŋaval sɛmpadan]
operador (m) de rádio	pengendali radio	[pɛŋɛndali radio]
explorador (m)	pengintip	[pɛŋintip]
sapador (m)	askar jurutera	[askar dʒurutra]
atirador (m)	penembak	[pɛnembak]
navegador (m)	pemandu	[pɛmandu]

89. Oficiais. Padres

| rei (m) | raja | [radʒa] |
| rainha (f) | ratu | [ratu] |

| príncipe (m) | putera | [putra] |
| princesa (f) | puteri | [putri] |

| czar (m) | tsar, raja | [tsar], [radʒa] |
| czarina (f) | tsarina, ratu | [tsarina], [ratu] |

presidente (m)	presiden	[presiden]
ministro (m)	menteri	[mɛntri]
primeiro-ministro (m)	perdana menteri	[perdana mɛntri]
senador (m)	senator	[senator]

diplomata (m)	diplomat	[diplomat]
cônsul (m)	konsul	[konsul]
embaixador (m)	duta besar	[duta bɛsar]
conselheiro (m)	penasihat	[pɛnasihat]

funcionário (m)	kakitangan	[kakitaŋan]
prefeito (m)	ketua prefekture	[kɛtua prefekturɛ]
Presidente (m) da Câmara	datuk bandar	[datuk bandar]

| juiz (m) | hakim | [hakim] |
| procurador (m) | jaksa | [dʒaksa] |

missionário (m)	mubaligh	[mubaliɣ]
monge (m)	biarawan	[biaravan]
abade (m)	kepala biara	[kɛpala biara]
rabino (m)	rabbi	[rabbi]

vizir (m)	wazir	[vazir]
xá (m)	syah	[ʃah]
xeque (m)	syeikh	[ʃəjh]

90. Profissões agrícolas

apicultor (m)	pemelihara lebah	[pɛmɛlihara lɛbah]
pastor (m)	penggembala	[pɛŋgɛmbala]
agrónomo (m)	ahli agronomi	[ahli agronomi]
criador (m) de gado	penternak	[pɛntɛrnak]
veterinário (m)	pakar veterinar	[pakar vetɛrinar]

agricultor (m) | peladang | [pɛladaŋ]
vinicultor (m) | pembuat wain | [pɛmbuat vajn]
zoólogo (m) | ahli zoologi | [ahli zoologi]
cowboy (m) | koboi | [koboj]

91. Profissões artísticas

ator (m) | pelakon | [pɛlakon]
atriz (f) | aktres | [aktres]

cantor (m) | penyanyi lelaki | [pɛnjanji lɛlaki]
cantora (f) | penyanyi perempuan | [pɛnjanji pɛrɛmpuan]

bailarino (m) | penari lelaki | [pɛnari lɛlaki]
bailarina (f) | penari perempuan | [pɛnari pɛrɛmpuan]

artista (m) | artis | [artis]
artista (f) | aktres | [aktres]

músico (m) | pemuzik | [pɛmuzik]
pianista (m) | pemain piano | [pɛmajn piano]
guitarrista (m) | pemain gitar | [pɛmajn gitar]

maestro (m) | konduktor | [konduktor]
compositor (m) | komposer | [kompoSɛr]
empresário (m) | impresario | [impresario]

realizador (m) | pengarah | [pɛŋarah]
produtor (m) | produser | [produsɛr]
argumentista (m) | penulis skrip | [pɛnulis skrip]
crítico (m) | pengkritik | [pɛŋkritik]

escritor (m) | penulis | [pɛnulis]
poeta (m) | penyair | [pɛnjair]
escultor (m) | pematung | [pɛmatuŋ]
pintor (m) | pelukis | [pɛlukis]

malabarista (m) | penjugel | [pɛndʒugɛl]
palhaço (m) | badut | [badut]
acrobata (m) | akrobat | [akrobat]
mágico (m) | ahli silap mata | [ahli silap mata]

92. Várias profissões

médico (m) | doktor | [doktor]
enfermeira (f) | jururawat | [dʒururavat]
psiquiatra (m) | doktor penyakit jiwa | [doktor pɛnjakit dʒiva]
estomatologista (m) | doktor gigi | [doktor gigi]
cirurgião (m) | doktor bedah | [doktor bɛdah]

astronauta (m) | angkasawan | [aŋkasavan]
astrónomo (m) | ahli astronomi | [ahli astronomi]

piloto (m)	juruterbang	[dʒurutɛrbaŋ]
motorista (m)	pemandu	[pɛmandu]
maquinista (m)	pemandu kereta api	[pɛmandu kreta api]
mecânico (m)	mekanik	[mekanik]
mineiro (m)	buruh lombong	[buruh lomboŋ]
operário (m)	buruh, pekerja	[buruh], [pɛkɛrdʒa]
serralheiro (m)	tukang logam	[tukaŋ logam]
marceneiro (m)	tukang tanggam	[tukaŋ taŋgam]
torneiro (m)	tukang pelarik	[tukaŋ pɛlarik]
construtor (m)	buruh binaan	[buruh binaan]
soldador (m)	jurukimpal	[dʒurukimpal]
professor (m) catedrático	profesor	[profesor]
arquiteto (m)	jurubina	[dʒurubina]
historiador (m)	sejarawan	[sɛdʒaravan]
cientista (m)	ilmuwan	[ilmuvan]
físico (m)	ahli fizik	[ahli fizik]
químico (m)	ahli kimia	[ahli kimia]
arqueólogo (m)	ahli arkeologi	[ahli arkeologi]
geólogo (m)	ahli geologi	[ahli geologi]
pesquisador (cientista)	penyelidik	[pɛnjelidik]
babysitter (f)	pengasuh kanak-kanak	[pɛŋasuh kanak kanak]
professor (m)	guru	[guru]
redator (m)	editor	[editor]
redator-chefe (m)	ketua pengarang	[kɛtua pɛŋaraŋ]
correspondente (m)	pemberita	[pɛmbrita]
datilógrafa (f)	jurutaip	[dʒurutajp]
designer (m)	pereka bentuk	[pereka bɛntuk]
especialista (m) em informática	tukang komputer	[tukaŋ komputɛr]
programador (m)	juruprogram	[dʒuruprogram]
engenheiro (m)	jurutera	[dʒurutra]
marujo (m)	pelaut	[pɛlaut]
marinheiro (m)	kelasi	[kɛlasi]
salvador (m)	penyelamat	[pɛnjelamat]
bombeiro (m)	anggota bomba	[aŋgota bomba]
polícia (m)	anggota polis	[aŋgota polis]
guarda-noturno (m)	warden	[vardɛn]
detetive (m)	mata-mata	[mata mata]
funcionário (m) da alfândega	anggota kastam	[aŋgota kastam]
guarda-costas (m)	pengawal peribadi	[pɛŋaval pribadi]
guarda (m) prisional	warden penjara	[vardɛn pɛndʒara]
inspetor (m)	inspektor	[inspektor]
desportista (m)	atlet, ahli sukan	[atlet], [ahli sukan]
treinador (m)	pelatih	[pɛlatih]
talhante (m)	tukang daging	[tukaŋ dagiŋ]
sapateiro (m)	tukang kasut	[tukaŋ kasut]

| comerciante (m) | pedagang | [pɛdagaŋ] |
| carregador (m) | pemuat | [pɛmuat] |

| estilista (m) | pereka fesyen | [pɛreka feʃɛn] |
| modelo (f) | peragawati | [pragavati] |

93. Ocupações. Estatuto social

| aluno, escolar (m) | budak sekolah | [budak sɛkolah] |
| estudante (~ universitária) | mahasiswa | [mahasisva] |

filósofo (m)	ahli falsafah	[ahli falsafah]
economista (m)	ahli ekonomi	[ahli ekonomi]
inventor (m)	penemu	[pɛnɛmu]

desempregado (m)	pengganggur	[pɛŋgaŋgur]
reformado (m)	pesara	[pɛsara]
espião (m)	pengintip	[pɛɲintip]

preso (m)	tahanan	[tahanan]
grevista (m)	pemogok	[pɛmogok]
burocrata (m)	birokrat	[birokrat]
viajante (m)	pengembara	[pɛŋɛmbara]

homossexual (m)	homoseksual	[homoseksual]
hacker (m)	penggodam	[pɛŋgodam]
hippie	hipi	[hipi]

bandido (m)	samseng	[samsɛŋ]
assassino (m) a soldo	pembunuh upahan	[pɛmbunuh upahan]
toxicodependente (m)	penagih dadah	[pɛnagih dadah]
traficante (m)	pengedar dadah	[pɛɲedar dadah]
prostituta (f)	pelacur	[pɛlatʃur]
chulo (m)	bapa ayam	[bapa ajam]

bruxo (m)	ahli sihir lelaki	[ahli sihir lɛlaki]
bruxa (f)	ahli sihir perempuan	[ahli sihir pɛrɛmpuan]
pirata (m)	lanun	[lanun]
escravo (m)	hamba	[hamba]
samurai (m)	samurai	[samuraj]
selvagem (m)	orang yang tidak bertamadun	[oraŋ jaŋ tidak bɛrtamadun]

Educação

94. Escola

escola (f)	sekolah	[sɛkolah]
diretor (m) de escola	pengetua sekolah	[pɛŋetua sɛkolah]
aluno (m)	pelajar lelaki	[pɛladʒar lɛlaki]
aluna (f)	pelajar perempuan	[pɛladʒar pɛrɛmpuan]
escolar (m)	budak sekolah	[budak sɛkolah]
escolar (f)	budak perempuan sekolah	[budak pɛrɛmpuan sɛkolah]
ensinar (vt)	mengajar	[mɛŋadʒar]
aprender (vt)	belajar	[bɛladʒar]
aprender de cor	menghafalkan	[mɛŋɣafalkan]
estudar (vi)	belajar	[bɛladʒar]
andar na escola	bersekolah	[bɛrsɛkolah]
ir à escola	pergi sekolah	[pɛrgi sɛkolah]
alfabeto (m)	abjad	[abdʒad]
disciplina (f)	mata pelajaran	[mata pɛladʒaran]
sala (f) de aula	bilik darjah	[bilik dardʒah]
lição (f)	kelas	[klas]
recreio (m)	rehat	[rehat]
toque (m)	loceng	[lotʃeŋ]
carteira (f)	bangku sekolah	[baŋku sɛkolah]
quadro (m) negro	papan hitam	[papan hitam]
nota (f)	markah	[markah]
boa nota (f)	markah baik	[markah baik]
nota (f) baixa	markah tidak lulus	[markah tidak lulus]
dar uma nota	memberi markah	[mɛmbri markah]
erro (m)	kesalahan	[kɛsalahan]
fazer erros	membuat kesalahan	[mɛmbuat kɛsalahan]
corrigir (vt)	memperbaiki	[mɛmpɛrbaiki]
cábula (f)	toyol	[tojol]
dever (m) de casa	tugasan rumah	[tugasan rumah]
exercício (m)	latihan	[latihan]
estar presente	hadir	[hadir]
estar ausente	tidak hadir	[tidak hadir]
faltar às aulas	ponteng	[pontɛŋ]
punir (vt)	menghukum	[mɛŋɣukum]
punição (f)	hukuman	[hukuman]
comportamento (m)	tingkah laku	[tiŋkah laku]

boletim (m) escolar	buku laporan	[buku laporan]
lápis (m)	pensel	[pensel]
borracha (f)	getah pemadam	[gɛtah pɛmadam]
giz (m)	kapur	[kapur]
estojo (m)	kotak pensel	[kotak pensel]
pasta (f) escolar	beg sekolah	[beg sɛkolah]
caneta (f)	pen	[pen]
caderno (m)	buku latihan	[buku latihan]
manual (m) escolar	buku teks	[buku teks]
compasso (m)	jangka lukis	[dʒaŋka lukis]
traçar (vt)	melukis	[mɛlukis]
desenho (m) técnico	rajah	[radʒah]
poesia (f)	puisi, sajak	[puisi], [sadʒak]
de cor	hafal	[hafal]
aprender de cor	menghafalkan	[mɛŋɣafalkan]
férias (f pl)	cuti	[tʃuti]
estar de férias	bercuti	[bɛrtʃuti]
passar as férias	menghabiskan cuti	[mɛŋɣabiskan tʃuti]
teste (m)	tes	[tes]
composição, redação (f)	karangan	[karaŋan]
ditado (m)	imla	[imla]
exame (m)	peperiksaan	[pɛpɛriksaan]
fazer exame	menduduki peperiksaan	[mɛnduduki pɛpɛriksaan]
experiência (~ química)	uji cuba	[udʒi tʃuba]

95. Colégio. Universidade

academia (f)	akademi	[akadɛmi]
universidade (f)	universiti	[univɛrsiti]
faculdade (f)	fakulti	[fakulti]
estudante (m)	mahasiswa	[mahasisva]
estudante (f)	mahasiswi	[mahasisvi]
professor (m)	pensyarah	[pɛnɕarah]
sala (f) de palestras	ruang darjah	[ruaŋ dardʒah]
graduado (m)	tamatan	[tamatan]
diploma (m)	ijazah	[idʒazah]
tese (f)	tesis	[tesis]
estudo (obra)	kajian	[kadʒian]
laboratório (m)	makmal	[makmal]
palestra (f)	syarahan, kuliah	[ɕarahan], [kulijah]
colega (m) de curso	teman sedarjah	[tɛman sɛdardʒah]
bolsa (f) de estudos	biasiswa	[biasisva]
grau (m) académico	ijazah	[idʒazah]

96. Ciências. Disciplinas

matemática (f)	matematik	[matɛmatik]
álgebra (f)	algebra	[algebra]
geometria (f)	geometri	[geometri]
astronomia (f)	astronomi	[astronomi]
biologia (f)	biologi	[biologi]
geografia (f)	geografi	[geografi]
geologia (f)	geologi	[geologi]
história (f)	sejarah	[sɛdʒarah]
medicina (f)	perubatan	[pɛrubatan]
pedagogia (f)	pedagogi	[pedagogi]
direito (m)	hukum	[hukum]
física (f)	fizik	[fizik]
química (f)	kimia	[kimia]
filosofia (f)	falsafah	[falsafah]
psicologia (f)	psikologi	[psikologi]

97. Sistema de escrita. Ortografia

gramática (f)	nahu	[nahu]
vocabulário (m)	kosa kata	[kosa kata]
fonética (f)	fonetik	[fonetik]
substantivo (m)	kata nama	[kata nama]
adjetivo (m)	kata sifat	[kata sifat]
verbo (m)	kata kerja	[kata kɛrdʒa]
advérbio (m)	adverba	[advɛrba]
pronome (m)	ganti nama	[ganti nama]
interjeição (f)	kata seru	[kata sɛru]
preposição (f)	kata depan	[kata dɛpan]
raiz (f) da palavra	kata akar	[kata akar]
terminação (f)	akhiran	[axiran]
prefixo (m)	awalan	[avalan]
sílaba (f)	sukukata	[sukukata]
sufixo (m)	akhiran	[axiran]
acento (m)	tanda tekanan	[tanda tɛkanan]
apóstrofo (m)	koma atas	[koma atas]
ponto (m)	titik	[titik]
vírgula (f)	koma	[koma]
ponto e vírgula (m)	koma bertitik	[koma bɛrtitik]
dois pontos (m pl)	tanda titik bertindih	[tanda titik bɛrtindih]
reticências (f pl)	tanda elipsis	[tanda elipsis]
ponto (m) de interrogação	tanda tanya	[tanda tanja]
ponto (m) de exclamação	tanda seru	[tanda sɛru]

aspas (f pl)	tanda petik	[tanda pɛtik]
entre aspas	dalam tanda petik	[dalam tanda pɛtik]
parênteses (m pl)	tanda kurung	[tanda kuruŋ]
entre parênteses	dalam kurungan	[dalam kuruŋan]
hífen (m)	tanda pisah	[tanda pisah]
travessão (m)	tanda sempang	[tanda sɛmpaŋ]
espaço (m)	jarak	[dʒarak]
letra (f)	huruf	[huruf]
letra (f) maiúscula	huruf besar	[huruf bɛsar]
vogal (f)	huruf hidup	[huruf hidup]
consoante (f)	konsonan	[konsonan]
frase (f)	ayat, kalimat	[ajat], [kalimat]
sujeito (m)	subjek	[subdʒek]
predicado (m)	predikat	[predikat]
linha (f)	baris	[baris]
em uma nova linha	di baris baru	[di baris baru]
parágrafo (m)	perenggan	[pɛrɛŋgan]
palavra (f)	perkataan	[pɛrkataan]
grupo (m) de palavras	rangkaian kata	[raŋkajan kata]
expressão (f)	ungkapan	[uŋkapan]
sinónimo (m)	kata seerti	[kata sɛɛrti]
antónimo (m)	antonim	[antonim]
regra (f)	peraturan	[pɛraturan]
exceção (f)	pengecualian	[peŋɛtʃualian]
correto	betul	[bɛtul]
conjugação (f)	konjugasi	[kondʒugasi]
declinação (f)	deklinasi	[deklinasi]
caso (m)	kasus	[kasus]
pergunta (f)	soalan	[soalan]
sublinhar (vt)	menegaskan	[mɛnɛgaskan]
linha (f) pontilhada	garis titik-titik	[garis titik titik]

98. Línguas estrangeiras

língua (f)	bahasa	[bahasa]
estrangeiro	asing	[asiŋ]
língua (f) estrangeira	bahasa asing	[bahasa asiŋ]
estudar (vt)	mempelajari	[mɛmpɛladʒari]
aprender (vt)	belajar	[bɛladʒar]
ler (vt)	membaca	[mɛmbatʃa]
falar (vi)	bercakap	[bɛrtʃakap]
compreender (vt)	memahami	[mɛmahami]
escrever (vt)	menulis	[mɛnulis]
rapidamente	fasih	[fasih]
devagar	perlahan-lahan	[pɛrlahan lahan]

fluentemente	fasih	[fasih]
regras (f pl)	peraturan	[pɛraturan]
gramática (f)	nahu	[nahu]
vocabulário (m)	kosa kata	[kosa kata]
fonética (f)	fonetik	[fonetik]
manual (m) escolar	buku teks	[buku teks]
dicionário (m)	kamus	[kamus]
manual (m) de autoaprendizagem	buku teks pembelajaran kendiri	[buku teks pɛmbɛladʒaran kɛndiri]
guia (m) de conversação	buku ungkapan	[buku uŋkapan]
cassete (f)	kaset	[kaset]
vídeo cassete (m)	kaset video	[kaset video]
CD (m)	cakera padat	[tʃakra padat]
DVD (m)	cakera DVD	[tʃakra dividi]
alfabeto (m)	abjad	[abdʒad]
soletrar (vt)	mengeja	[mɛŋedʒa]
pronúncia (f)	sebutan	[sɛbutan]
sotaque (m)	aksen	[aksen]
com sotaque	dengan pelat	[dɛŋan pelat]
sem sotaque	tanpa pelat	[tanpa pelat]
palavra (f)	perkataan	[pɛrkataan]
sentido (m)	erti	[ɛrti]
cursos (m pl)	kursus	[kursus]
inscrever-se (vr)	berdaftar	[bɛrdaftar]
professor (m)	pensyarah	[pɛnɕarah]
tradução (processo)	penterjemahan	[pɛntɛrdʒɛmahan]
tradução (texto)	terjemahan	[tɛrdʒɛmahan]
tradutor (m)	penterjemah	[pɛntɛrdʒɛmah]
intérprete (m)	penterjemah	[pɛntɛrdʒɛmah]
poliglota (m)	penutur pelbagai bahasa	[pɛnutur pɛlbagaj bahasa]
memória (f)	ingatan	[iŋatan]

Descanso. Entretenimento. Viagens

99. Viagens

turismo (m)	pelancongan	[pɛlantʃoŋan]
turista (m)	pelancong	[pɛlantʃoŋ]
viagem (f)	pengembaraan	[pɛŋɛmbaraan]
aventura (f)	petualangan	[pɛtualaŋan]
viagem (f)	lawatan	[lavatan]
férias (f pl)	cuti	[tʃuti]
estar de férias	bercuti	[bɛrtʃuti]
descanso (m)	rehat	[rehat]
comboio (m)	kereta api	[kreta api]
de comboio (chegar ~)	naik kereta api	[naik kreta api]
avião (m)	kapal terbang	[kapal tɛrbaŋ]
de avião	naik kapal terbang	[naik kapal tɛrbaŋ]
de carro	naik kereta	[naik kreta]
de navio	naik kapal	[naik kapal]
bagagem (f)	bagasi	[bagasi]
mala (f)	beg pakaian	[beg pakajan]
carrinho (m)	troli bagasi	[troli bagasi]
passaporte (m)	pasport	[pasport]
visto (m)	visa	[visa]
bilhete (m)	tiket	[tiket]
bilhete (m) de avião	tiket kapal terbang	[tiket kapal tɛrbaŋ]
guia (m) de viagem	buku panduan pelancongan	[buku panduan pɛlantʃoŋan]
mapa (m)	peta	[pɛta]
local (m), area (f)	kawasan	[kavasan]
lugar, sítio (m)	tempat duduk	[tɛmpat duduk]
exotismo (m)	keeksotikan	[kɛeksotikan]
exótico	eksotik	[eksotik]
surpreendente	menakjubkan	[mɛnakdʒubkan]
grupo (m)	kumpulan	[kumpulan]
excursão (f)	darmawisata	[darmavisata]
guia (m)	pemandu pelancong	[pɛmandu pɛlantʃoŋ]

100. Hotel

hotel (m)	hotel	[hotel]
motel (m)	motel	[motel]

três estrelas	tiga bintang	[tiga bintaŋ]
cinco estrelas	lima bintang	[lima bintaŋ]
ficar (~ num hotel)	menumpang	[mɛnumpaŋ]

quarto (m)	bilik	[bilik]
quarto (m) individual	bilik untuk satu orang	[bilik untuk satu oraŋ]
quarto (m) duplo	bilik kelamin	[bilik kɛlamin]
reservar um quarto	menempah bilik	[mɛnempah bilik]

meia pensão (f)	penginapan tanpa makanan	[pɛɲinapan taŋpa makanan]
pensão (f) completa	penginapan dengan makanan	[pɛɲinapan dɛŋan makanan]

com banheira	dengan tab mandi	[dɛŋan tab mandi]
com duche	dengan pancaran air	[dɛŋan pantʃaran air]
televisão (m) satélite	televisyen satelit	[televiʃɛn satɛlit]
ar (m) condicionado	penghawa dingin	[pɛŋɣava diɲin]
toalha (f)	tuala	[tuala]
chave (f)	kunci	[kuntʃi]

administrador (m)	pentadbir	[pɛntadbir]
camareira (f)	pengemas rumah	[pɛŋɛmas rumah]
bagageiro (m)	porter	[portɛr]
porteiro (m)	penjaga pintu	[pɛndʒaga pintu]

restaurante (m)	restoran	[restoran]
bar (m)	bar	[bar]
pequeno-almoço (m)	makan pagi	[makan pagi]
jantar (m)	makan malam	[makan malam]
buffet (m)	jamuan berselerak	[dʒamuan bɛrsɛlerak]

hall (m) de entrada	ruang legar	[ruaŋ legar]
elevador (m)	lif	[lif]

NÃO PERTURBE	JANGAN MENGGANGGU	[dʒaŋan mɛŋgaŋgu]
PROIBIDO FUMAR!	DILARANG MEROKOK!	[dilaraŋ mɛrokok]

EQUIPAMENTO TÉCNICO. TRANSPORTES

Equipamento técnico. Transportes

101. Computador

computador (m)	komputer	[komputɛr]
portátil (m)	komputer riba	[komputɛr riba]
ligar (vt)	menghidupkan	[mɛŋɣidupkan]
desligar (vt)	mematikan	[mɛmatikan]
teclado (m)	papan kekunci	[papan kɛkuntʃi]
tecla (f)	kekunci	[kɛkuntʃi]
rato (m)	tetikus	[tɛtikus]
tapete (m) de rato	alas tetikus	[alas tɛtikus]
botão (m)	tombol	[tombol]
cursor (m)	kursor	[kursor]
monitor (m)	monitor	[monitor]
ecrã (m)	layar perak	[lajar perak]
disco (m) rígido	cakera keras	[tʃakra kras]
capacidade (f) do disco rígido	kapasiti storan cakera keras	[kapasiti storan tʃakra kras]
memória (f)	ingatan, memori	[iŋatan], [memori]
memória RAM (f)	ingatan capaian rawak	[iŋatan tʃapajan ravak]
ficheiro (m)	fail	[fajl]
pasta (f)	folder	[foldɛr]
abrir (vt)	membuka	[mɛmbuka]
fechar (vt)	menutup	[mɛnutup]
guardar (vt)	simpan	[simpan]
apagar, eliminar (vt)	hapus	[hapus]
copiar (vt)	menyalin	[mɛnjalin]
ordenar (vt)	mangasih	[maŋasih]
copiar (vt)	menyalin	[mɛnjalin]
programa (m)	aplikasi	[aplikasi]
software (m)	perisian	[pɛrisian]
programador (m)	juruprogram	[dʒuruprogram]
programar (vt)	memprogram	[mɛmprogram]
hacker (m)	penggodam	[pɛŋgodam]
senha (f)	kata laluan	[kata laluan]
vírus (m)	virus	[virus]
detetar (vt)	menemui	[mɛnɛmui]

byte (m)	bait	[bajt]
megabyte (m)	megabait	[megabajt]
dados (m pl)	data	[data]
base (f) de dados	pangkalan data	[paŋkalan data]
cabo (m)	kabel	[kabɛl]
desconectar (vt)	mencabut palam	[mɛntʃabut palam]
conetar (vt)	menyambung	[mɛnjambuŋ]

102. Internet. E-mail

internet (f)	Internet	[intɛrnet]
browser (m)	browser	[brausur]
motor (m) de busca	enjin carian	[endʒin tʃarian]
provedor (m)	penyedia perkhidmatan	[pɛnjedia pɛrxidmatan]
webmaster (m)	webmaster	[vebmaster]
website, sítio web (m)	laman sesawang	[laman sɛsavaŋ]
página (f) web	laman sesawang	[laman sɛsavaŋ]
endereço (m)	alamat	[alamat]
livro (m) de endereços	buku alamat	[buku alamat]
caixa (f) de correio	peti surat	[pɛti surat]
correio (m)	mel	[mel]
cheia (caixa de correio)	penuh	[pɛnuh]
mensagem (f)	pesanan	[pɛsanan]
mensagens (f pl) recebidas	mesej masuk	[mesedʒ masuk]
mensagens (f pl) enviadas	mesej keluar	[mesedʒ kɛluar]
remetente (m)	pengirim	[pɛŋirim]
enviar (vt)	mengirim	[mɛŋirim]
envio (m)	pengiriman	[pɛŋiriman]
destinatário (m)	penerima	[pɛnɛrima]
receber (vt)	menerima	[mɛnɛrima]
correspondência (f)	surat-menyurat	[surat mɛnjurat]
corresponder-se (vr)	surat-menyurat	[surat mɛnjurat]
ficheiro (m)	fail	[fajl]
fazer download, baixar	muat turun	[muat turun]
criar (vt)	menciptakan	[mɛntʃiptakan]
apagar, eliminar (vt)	hapus	[hapus]
eliminado	dihapus	[dihapus]
conexão (f)	perhubungan	[pɛrhubuŋan]
velocidade (f)	kecepatan	[kɛtʃɛpatan]
modem (m)	modem	[modem]
acesso (m)	akses	[akses]
porta (f)	port	[port]
conexão (f)	sambungan	[sambuŋan]

conetar (vi)	menyambung	[mɛnjambuŋ]
escolher (vt)	memilih	[mɛmilih]
buscar (vt)	mencari	[mɛntʃari]

103. Eletricidade

eletricidade (f)	tenaga elektrik	[tɛnaga elektrik]
elétrico	elektrik	[elektrik]
central (f) elétrica	loji jana kuasa	[lodʒi dʒana kuasa]
energia (f)	tenaga	[tɛnaga]
energia (f) elétrica	tenaga elektrik	[tɛnaga elektrik]

lâmpada (f)	bal lampu	[bal lampu]
lanterna (f)	lampu denyar	[lampu dɛnjar]
poste (m) de iluminação	lampu jalan	[lampu dʒalan]

luz (f)	lampu	[lampu]
ligar (vt)	menghidupkan	[mɛŋɣidupkan]
desligar (vt)	mematikan	[mɛmatikan]
apagar a luz	mematikan lampu	[mɛmatikan lampu]

fundir (vi)	hangus	[haŋus]
curto-circuito (m)	litar pintas	[litar pintas]
rutura (f)	putus	[putus]
contacto (m)	kontak	[kontak]

interruptor (m)	suis	[suis]
tomada (f)	soket	[soket]
ficha (f)	palam	[palam]
extensão (f)	perentas pemanjangan	[pɛrɛntas pɛmandʒaŋan]

fusível (m)	fius	[fius]
fio, cabo (m)	kawat, wayar	[kavat], [vajar]
instalação (f) elétrica	pemasangan wayar	[pɛmasaŋan vajar]

ampere (m)	ampere	[ampɛrɛ]
amperagem (f)	kekuatan arus elektrik	[kɛkuatan arus elektrik]
volt (m)	volt	[volt]
voltagem (f)	voltan	[voltan]

| aparelho (m) elétrico | alat elektrik | [alat ɛlektrik] |
| indicador (m) | penunjuk | [pɛnundʒuk] |

eletricista (m)	juruelektrik	[dʒuruelektrik]
soldar (vt)	memateri	[mɛmatɛri]
ferro (m) de soldar	besi pematerian	[bɛsi pɛmatɛrian]
corrente (f) elétrica	karan	[karan]

104. Ferramentas

| ferramenta (f) | alat | [alat] |
| ferramentas (f pl) | alat-alat | [alat alat] |

equipamento (m)	perlengkapan	[pɛrlɛŋkapan]
martelo (m)	tukul	[tukul]
chave (f) de fendas	pemutar skru	[pɛmutar skru]
machado (m)	kapak	[kapak]
serra (f)	gergaji	[gergadʒi]
serrar (vt)	menggergaji	[mɛŋgɛrgadʒi]
plaina (f)	ketam	[kɛtam]
aplainar (vt)	mengetam	[mɛŋɛtam]
ferro (m) de soldar	besi pematerian	[bɛsi pɛmatɛrian]
soldar (vt)	memateri	[mɛmatɛri]
lima (f)	kikir	[kikir]
tenaz (f)	kakatua	[kakatua]
alicate (m)	playar	[plajar]
formão (m)	pahat kayu	[pahat kaju]
broca (f)	mata gerudi	[mata gɛrudi]
berbequim (f)	gerudi	[gɛrudi]
furar (vt)	menggerudi	[mɛŋgɛrudi]
faca (f)	pisau	[pisau]
lâmina (f)	mata	[mata]
afiado	tajam	[tadʒam]
cego	tumpul	[tumpul]
embotar-se (vr)	menjadi tumpul	[mɛndʒadi tumpul]
afiar, amolar (vt)	mengasah	[mɛŋasah]
parafuso (m)	bolt	[bolt]
porca (f)	nat	[nat]
rosca (f)	benang	[bɛnaŋ]
parafuso (m) para madeira	skru	[skru]
prego (m)	paku	[paku]
cabeça (f) do prego	payung	[pajuŋ]
régua (f)	kayu pembaris	[kaju pɛmbaris]
fita (f) métrica	pita ukur	[pita ukur]
nível (m)	timbang air	[timbaŋ air]
lupa (f)	kanta pembesar	[kanta pɛmbɛsar]
medidor (m)	alat pengukur	[alat pɛŋukur]
medir (vt)	mengukur	[mɛŋukur]
escala (f)	skala	[skala]
indicação (f), registo (m)	bacaan	[batʃaan]
compressor (m)	pemampat	[pɛmampat]
microscópio (m)	mikroskop	[mikroskop]
bomba (f)	pam	[pam]
robô (m)	robot	[robot]
laser (m)	laser	[lasɛr]
chave (f) de boca	sepana	[sɛpana]
fita (f) adesiva	pita pelekat	[pita pɛlɛkat]

cola (f)	perekat	[pɛrɛkat]
lixa (f)	kertas las	[kɛrtas las]
mola (f)	spring, pegas	[spriŋ], [pɛgas]
íman (m)	magnet	[magnet]
luvas (f pl)	sarung tangan	[saruŋ taŋan]

corda (f)	tali	[tali]
cordel (m)	tali	[tali]
fio (m)	wayar	[vajar]
cabo (m)	kabel	[kabɛl]

marreta (f)	tukul besi	[tukul bɛsi]
pé de cabra (m)	pengumpil	[pɛŋumpil]
escada (f) de mão	tangga	[taŋga]
escadote (m)	tangga tapak	[taŋga tapak]

enroscar (vt)	mengetatkan	[mɛŋɛtatkan]
desenroscar (vt)	memutar-buka	[mɛmutar buka]
apertar (vt)	mengepit	[mɛŋɛpit]
colar (vt)	melekatkan	[mɛlɛkatkan]
cortar (vt)	memotong	[mɛmotoŋ]

falha (mau funcionamento)	kerosakan	[kɛrosakan]
conserto (m)	pembaikan	[pɛmbaikan]
consertar, reparar (vt)	membaiki	[mɛmbaiki]
regular, ajustar (vt)	melaraskan	[mɛlaraskan]

verificar (vt)	memeriksa	[mɛmɛriksa]
verificação (f)	pemeriksaan	[pɛmɛriksaan]
indicação (f), registo (m)	bacaan	[batʃaan]

seguro	boleh diharap	[bole diharap]
complicado	rumit	[rumit]

enferrujar (vi)	berkarat	[bɛrkarat]
enferrujado	berkarat	[bɛrkarat]
ferrugem (f)	karat	[karat]

Transportes

105. Avião

avião (m)	kapal terbang	[kapal tɛrbaŋ]
bilhete (m) de avião	tiket kapal terbang	[tiket kapal tɛrbaŋ]
companhia (f) aérea	syarikat penerbangan	[ɕarikat pɛnɛrbaŋan]
aeroporto (m)	lapangan terbang	[lapaŋan tɛrbaŋ]
supersónico	supersonik	[supersonik]
comandante (m) do avião	kapten kapal	[kaptɛn kapal]
tripulação (f)	anak buah	[anak buah]
piloto (m)	juruterbang	[dʒurutɛrbaŋ]
hospedeira (f) de bordo	pramugari	[pramugari]
copiloto (m)	pemandu	[pɛmandu]
asas (f pl)	sayap	[sajap]
cauda (f)	ekor	[ekor]
cabine (f) de pilotagem	kokpit	[kokpit]
motor (m)	enjin	[endʒin]
trem (m) de aterragem	roda pendarat	[roda pɛndarat]
turbina (f)	turbin	[turbin]
hélice (f)	baling-baling	[baliŋ baliŋ]
caixa-preta (f)	kotak hitam	[kotak hitam]
coluna (f) de controlo	kemudi	[kɛmudi]
combustível (m)	bahan bakar	[bahan bakar]
instruções (f pl) de segurança	kad keselamatan	[kad kɛsɛlamatan]
máscara (f) de oxigénio	topeng oksigen	[topɛŋ oksigɛn]
uniforme (m)	pakaian seragam	[pakajan sɛragam]
colete (m) salva-vidas	jaket keselamatan	[dʒaket kɛsɛlamatan]
paraquedas (m)	payung terjun	[pajuŋ tɛrdʒun]
descolagem (f)	berlepas	[bɛrlɛpas]
descolar (vi)	berlepas	[bɛrlɛpas]
pista (f) de descolagem	landasan berlepas	[landasan bɛrlɛpas]
visibilidade (f)	darjah penglihatan	[dardʒah pɛŋlihatan]
voo (m)	penerbangan	[pɛnɛrbaŋan]
altura (f)	ketinggian	[kɛtiŋgian]
poço (m) de ar	lubang udara	[lubaŋ udara]
assento (m)	tempat duduk	[tɛmpat duduk]
auscultadores (m pl)	pendengar telinga	[pɛndɛŋar tɛliŋa]
mesa (f) rebatível	meja lipat	[medʒa lipat]
vigia (f)	tingkap kapal terbang	[tiŋkap kapal tɛrbaŋ]
passagem (f)	laluan	[laluan]

106. Comboio

comboio (m)	kereta api	[kreta api]
comboio (m) suburbano	tren elektrik	[tren elektrik]
comboio (m) rápido	kereta api cepat	[kreta api tʃɛpat]
locomotiva (f) diesel	lokomotif	[lokomotif]
locomotiva (f) a vapor	kereta api	[kreta api]
carruagem (f)	gerabak penumpang	[gɛrabak pɛnumpaŋ]
carruagem restaurante (f)	gerabak makan minum	[gɛrabak makan minum]
carris (m pl)	rel	[rel]
caminho de ferro (m)	jalan kereta api	[dʒalan kreta api]
travessa (f)	kayu landas	[kaju landas]
plataforma (f)	platform	[platform]
linha (f)	trek landasan	[trek landasan]
semáforo (m)	lampu isyarat	[lampu iɕarat]
estação (f)	stesen	[stesen]
maquinista (m)	pemandu kereta api	[pɛmandu kreta api]
bagageiro (m)	porter	[portɛr]
hospedeiro, -a (da carruagem)	konduktor kereta api	[konduktor kreta api]
passageiro (m)	penumpang	[pɛnumpaŋ]
revisor (m)	konduktor	[konduktor]
corredor (m)	koridor	[koridor]
freio (m) de emergência	brek kecemasan	[brek kɛtʃɛmasan]
compartimento (m)	petak gerabak	[petak gɛrabak]
cama (f)	bangku	[baŋku]
cama (f) de cima	bangku atas	[baŋku atas]
cama (f) de baixo	bangku bawah	[baŋku bavah]
roupa (f) de cama	linen	[linen]
bilhete (m)	tiket	[tiket]
horário (m)	jadual waktu	[dʒadual vaktu]
painel (m) de informação	paparan jadual	[paparan dʒadual]
partir (vt)	berlepas	[bɛrlɛpas]
partida (f)	perlepasan	[pɛrlɛpasan]
chegar (vi)	tiba	[tiba]
chegada (f)	ketibaan	[kɛtibaan]
chegar de comboio	datang naik kereta api	[dataŋ naik kreta api]
apanhar o comboio	naik kereta api	[naik kreta api]
sair do comboio	turun kereta api	[turun kreta api]
acidente (m) ferroviário	kemalangan	[kɛmalaŋan]
descarrilar (vi)	keluar rel	[kɛluar rel]
locomotiva (f) a vapor	kereta api	[kreta api]
fogueiro (m)	tukang api	[tukaŋ api]
fornalha (f)	tungku	[tuŋku]
carvão (m)	arang	[araŋ]

107. Barco

navio (m)	kapal	[kapal]
embarcação (f)	kapal	[kapal]
vapor (m)	kapal api	[kapal api]
navio (m)	kapal	[kapal]
transatlântico (m)	kapal laut	[kapal laut]
cruzador (m)	kapal penjelajah	[kapal pɛndʒɛladʒah]
iate (m)	kapal persiaran	[kapal pɛrsiaran]
rebocador (m)	kapal tunda	[kapal tunda]
barcaça (f)	tongkang	[toŋkaŋ]
ferry (m)	feri	[feri]
veleiro (m)	kapal layar	[kapal lajar]
bergantim (m)	kapal brigantine	[kapal brigantinɛ]
quebra-gelo (m)	kapal pemecah ais	[kapal pɛmɛtʃah ajs]
submarino (m)	kapal selam	[kapal sɛlam]
bote, barco (m)	perahu	[prahu]
bote, dingue (m)	sekoci	[sɛkotʃi]
bote (m) salva-vidas	sekoci penyelamat	[sɛkotʃi pɛnjelamat]
lancha (f)	motobot	[motobot]
capitão (m)	kapten	[kaptɛn]
marinheiro (m)	kelasi	[kɛlasi]
marujo (m)	pelaut	[pɛlaut]
tripulação (f)	anak buah	[anak buah]
contramestre (m)	nakhoda	[naχoda]
grumete (m)	kadet kapal	[kadet kapal]
cozinheiro (m) de bordo	tukang masak	[tukaŋ masak]
médico (m) de bordo	doktor kapal	[doktor kapal]
convés (m)	dek	[dek]
mastro (m)	tiang	[tiaŋ]
vela (f)	layar	[lajar]
porão (m)	palka	[palka]
proa (f)	haluan	[haluan]
popa (f)	buritan	[buritan]
remo (m)	kayuh	[kajuh]
hélice (f)	baling-baling	[baliŋ baliŋ]
camarote (m)	kabin, bilik	[kabin], [bilik]
sala (f) dos oficiais	bilik pegawai kapal	[bilik pɛgavaj kapal]
sala (f) das máquinas	bilik enjin	[bilik endʒin]
ponte (m) de comando	anjungan kapal	[andʒuŋan kapal]
sala (f) de comunicações	bilik siaran radio	[bilik siaran radio]
onda (f) de rádio	gelombang	[gɛlombaŋ]
diário (m) de bordo	buku log	[buku log]
luneta (f)	teropong kecil	[tɛropoŋ kɛtʃil]
sino (m)	loceng	[lotʃeŋ]

bandeira (f)	bendera	[bɛndera]
cabo (m)	tali	[tali]
nó (m)	simpul	[simpul]
corrimão (m)	susur tangan	[susur taŋan]
prancha (f) de embarque	tangga kapal	[taŋga kapal]
âncora (f)	sauh	[sauh]
recolher a âncora	mengangkat sauh	[mɛŋaŋkat sauh]
lançar a âncora	berlabuh	[bɛrlabuh]
amarra (f)	rantai sauh	[rantaj sauh]
porto (m)	pelabuhan	[pɛlabuhan]
cais, amarradouro (m)	jeti	[dʒeti]
atracar (vi)	merapat	[mɛrapat]
desatracar (vi)	berlepas	[bɛrlɛpas]
viagem (f)	pengembaraan	[pɛŋembaraan]
cruzeiro (m)	pelayaran pesiaran	[pɛlajaran pɛsiaran]
rumo (m), rota (f)	haluan	[haluan]
itinerário (m)	laluan	[laluan]
canal (m) navegável	aluran pelayaran	[aluran pɛlajaran]
banco (m) de areia	beting	[bɛtiŋ]
encalhar (vt)	karam	[karam]
tempestade (f)	badai	[badaj]
sinal (m)	peluit	[pɛluit]
afundar-se (vr)	tenggelam	[tɛŋgɛlam]
Homem ao mar!	Orang jatuh ke laut!	[oraŋ dʒatuh kɛ laut]
SOS	SOS	[sos]
boia (f) salva-vidas	pelambung keselamatan	[pɛlambuŋ kɛsɛlamatan]

108. Aeroporto

aeroporto (m)	lapangan terbang	[lapaŋan tɛrbaŋ]
avião (m)	kapal terbang	[kapal tɛrbaŋ]
companhia (f) aérea	syarikat penerbangan	[ɕarikat pɛnɛrbaŋan]
controlador (m) de tráfego aéreo	pengawal lalu lintas udara	[pɛŋaval lalu lintas udara]
partida (f)	berlepas	[bɛrlɛpas]
chegada (f)	ketibaan	[kɛtibaan]
chegar (~ de avião)	tiba	[tiba]
hora (f) de partida	waktu berlepas	[vaktu bɛrlɛpas]
hora (f) de chegada	waktu ketibaan	[vaktu kɛtibaan]
estar atrasado	terlewat	[tɛrlevat]
atraso (m) de voo	kelewatan penerbangan	[kelevatan pɛnɛrbaŋan]
painel (m) de informação	skrin paparan maklumat	[skrin paparan maklumat]
informação (f)	maklumat	[maklumat]
anunciar (vt)	mengumumkan	[mɛŋumumkan]

voo (m)	penerbangan	[pɛnɛrbaŋan]
alfândega (f)	kastam	[kastam]
funcionário (m) da alfândega	anggota kastam	[aŋgota kastam]

declaração (f) alfandegária	ikrar kastam	[ikrar kastam]
preencher (vt)	mengisi	[mɛŋisi]
preencher a declaração	mengisi ikrar kastam	[mɛŋisi ikrar kastam]
controlo (m) de passaportes	pemeriksaan pasport	[pɛmɛriksaan pasport]

bagagem (f)	bagasi	[bagasi]
bagagem (f) de mão	bagasi tangan	[bagasi taŋan]
carrinho (m)	troli	[troli]

aterragem (f)	pendaratan	[pɛndaratan]
pista (f) de aterragem	jalur mendarat	[dʒalur mɛndarat]
aterrar (vi)	mendarat	[mɛndarat]
escada (f) de avião	tangga kapal terbang	[taŋga kapal tɛrbaŋ]

check-in (m)	pendaftaran	[pɛndaftaran]
balcão (m) do check-in	kaunter daftar masuk	[kauntɛr daftar masuk]
fazer o check-in	berdaftar	[bɛrdaftar]
cartão (m) de embarque	pas masuk	[pas masuk]
porta (f) de embarque	pintu berlepas	[pintu bɛrlɛpas]

trânsito (m)	transit	[transit]
esperar (vi, vt)	menunggu	[mɛnuŋgu]
sala (f) de espera	balai menunggu	[balaj mɛnuŋgu]
despedir-se de …	menghantarkan	[mɛŋɣantarkan]
despedir-se (vr)	minta diri	[minta diri]

Eventos

109. Férias. Evento

festa (f)	perayaan	[pɛrajaan]
festa (f) nacional	hari kebangsaan	[hari kɛbaŋsaan]
feriado (m)	cuti umum	[tʃuti umum]
festejar (vt)	merayakan	[mɛrajakan]
evento (festa, etc.)	peristiwa	[pɛristiva]
evento (banquete, etc.)	acara	[atʃara]
banquete (m)	bankuet	[baŋkuet]
receção (f)	jamuan makan	[dʒamuan makan]
festim (m)	kenduri	[kɛnduri]
aniversário (m)	ulang tahun	[ulaŋ tahun]
jubileu (m)	jubli	[dʒubli]
celebrar (vt)	menyambut	[mɛnjambut]
Ano (m) Novo	Tahun Baru	[tahun baru]
Feliz Ano Novo!	Selamat Tahun Baru!	[sɛlamat tahun baru]
Pai (m) Natal	Santa Klaus	[santa klaus]
Natal (m)	Krismas	[krismas]
Feliz Natal!	Selamat Hari Krismas!	[sɛlamat hari krismas]
árvore (f) de Natal	pokok Krismas	[pokok krismas]
fogo (m) de artifício	pertunjukan bunga api	[pɛrtundʒukan buŋa api]
boda (f)	majlis perkahwinan	[madʒlis pɛrkahvinan]
noivo (m)	pengantin lelaki	[pɛŋantin lɛlaki]
noiva (f)	pengantin perempuan	[pɛŋantin pɛrɛmpuan]
convidar (vt)	menjemput	[mɛndʒɛmput]
convite (m)	kad jemputan	[kad dʒɛmputan]
convidado (m)	tamu	[tamu]
visitar (vt)	berkunjung	[bɛrkundʒuŋ]
receber os hóspedes	menyambut tamu	[mɛnjambut tamu]
presente (m)	hadiah	[hadiah]
oferecer (vt)	menghadiahkan	[mɛŋɣadiahkan]
receber presentes	menerima hadiah	[mɛnɛrima hadiah]
ramo (m) de flores	jambak bunga	[dʒambak buŋa]
felicitações (f pl)	ucapan selamat	[utʃapan sɛlamat]
felicitar (dar os parabéns)	mengucapkan selamat	[mɛŋutʃapkan sɛlamat]
cartão (m) de parabéns	kad ucapan selamat	[kad utʃapan sɛlamat]
enviar um postal	mengirim poskad	[mɛŋirim poskad]
receber um postal	menerima poskad	[mɛnɛrima poskad]

brinde (m)	roti bakar	[roti bakar]
oferecer (vt)	menjamu	[mɛndʒamu]
champanhe (m)	champagne	[ʃampejn]
divertir-se (vr)	bersuka ria	[bɛrsuka ria]
diversão (f)	keriangan	[kɛriaŋan]
alegria (f)	kegembiraan	[kɛgɛmbiraan]
dança (f)	tarian	[tarian]
dançar (vi)	menari	[mɛnari]
valsa (f)	waltz	[volts]
tango (m)	tango	[taŋo]

110. Funerais. Enterro

cemitério (m)	tanah perkuburan	[tanah pɛrkuburan]
sepultura (f), túmulo (m)	makam	[makam]
cruz (f)	salib	[salib]
lápide (f)	batu nisan	[batu nisan]
cerca (f)	pagar	[pagar]
capela (f)	capel	[tʃapel]
morte (f)	kematian	[kɛmatian]
morrer (vi)	mati, meninggal	[mati], [mɛniŋgal]
defunto (m)	arwah	[arvah]
luto (m)	perkabungan	[pɛrkabuŋan]
enterrar, sepultar (vt)	mengebumikan	[mɛŋɛbumikan]
agência (f) funerária	rumah urus mayat	[rumah urus majat]
funeral (m)	pemakaman	[pɛmakaman]
coroa (f) de flores	lingkaran bunga	[liŋkaran buŋa]
caixão (m)	keranda	[kranda]
carro (m) funerário	kereta jenazah	[kreta dʒɛnazah]
mortalha (f)	kafan	[kafan]
procissão (f) funerária	perarakan jenazah	[pɛrarakan dʒɛnazah]
urna (f) funerária	bekas simpan abu mayat	[bɛkas simpan abu majat]
crematório (m)	krematorium	[krematorium]
obituário (m), necrologia (f)	berita takziah	[brita takziah]
chorar (vi)	menangis	[mɛnaŋis]
soluçar (vi)	meratap	[mɛratap]

111. Guerra. Soldados

pelotão (m)	platun	[platun]
companhia (f)	kompeni	[kompɛni]
regimento (m)	rejimen	[redʒimen]
exército (m)	tentera	[tɛntra]
divisão (f)	divisyen	[diviʃɛn]

destacamento (m)	pasukan	[pasukan]
hoste (f)	tentera	[tɛntra]
soldado (m)	perajurit	[pradʒurit]
oficial (m)	pegawai	[pɛgavaj]
soldado (m) raso	prebet	[prebet]
sargento (m)	sarjan	[sardʒan]
tenente (m)	leftenan	[leftɛnan]
capitão (m)	kapten	[kaptɛn]
major (m)	mejar	[medʒar]
coronel (m)	kolonel	[kolonɛl]
general (m)	jeneral	[dʒɛnɛral]
marujo (m)	pelaut	[pɛlaut]
capitão (m)	kapten	[kaptɛn]
contramestre (m)	nakhoda	[naχoda]
artilheiro (m)	anggota artileri	[aŋgota artilɛri]
soldado (m) paraquedista	askar payung terjun	[askar pajuŋ tɛrdʒun]
piloto (m)	juruterbang	[dʒurutɛrbaŋ]
navegador (m)	pemandu	[pɛmandu]
mecânico (m)	mekanik	[mekanik]
sapador (m)	askar jurutera	[askar dʒurutra]
paraquedista (m)	ahli payung terjun	[ahli pajuŋ tɛrdʒun]
explorador (m)	pengintip	[pɛŋintip]
franco-atirador (m)	penembak curi	[pɛnɛmbak tʃuri]
patrulha (f)	peronda	[pɛronda]
patrulhar (vt)	meronda	[mɛronda]
sentinela (f)	pengawal	[pɛŋaval]
guerreiro (m)	askar	[askar]
patriota (m)	patriot	[patriot]
herói (m)	wira	[vira]
heroína (f)	srikandi	[srikandi]
traidor (m)	pengkhianat	[pɛŋχianat]
trair (vt)	mengkhianati	[mɛŋχianati]
desertor (m)	pembelot	[pɛmbelot]
desertar (vt)	membelot	[mɛmbelot]
mercenário (m)	askar upahan	[askar upahan]
recruta (m)	rekrut	[rekrut]
voluntário (m)	relawan	[relavan]
morto (m)	terbunuh	[tɛrbunuh]
ferido (m)	orang cedera	[oraŋ tʃedɛra]
prisioneiro (m) de guerra	tawanan	[tavanan]

112. Guerra. Ações militares. Parte 1

guerra (f)	perang	[praŋ]
guerrear (vt)	berperang	[bɛrpraŋ]

guerra (f) civil	perang saudara	[praŋ saudara]
perfidamente	secara khianat	[sɛtʃara χianat]
declaração (f) de guerra	pengisytiharan perang	[pɛɲiʃtiharan praŋ]
declarar (vt) guerra	mengisytiharkan perang	[mɛɲiʃtiharkan praŋ]
agressão (f)	pencerobohan	[pɛntʃɛrobohan]
atacar (vt)	menyerang	[mɛnjeraŋ]
invadir (vt)	menduduki	[mɛnduduki]
invasor (m)	penduduk	[pɛnduduk]
conquistador (m)	penakluk	[pɛnakluk]
defesa (f)	pertahanan	[pɛrtahanan]
defender (vt)	mempertahankan	[mɛmpɛrtahaŋkan]
defender-se (vr)	bertahan	[bɛrtahan]
inimigo (m)	musuh	[musuh]
adversário (m)	lawan	[lavan]
inimigo	musuh	[musuh]
estratégia (f)	strategi	[strategi]
tática (f)	taktik	[taktik]
ordem (f)	perintah	[printah]
comando (m)	perintah	[printah]
ordenar (vt)	memerintah	[mɛmɛrintah]
missão (f)	tugas	[tugas]
secreto	rahsia	[rahsia]
batalha (f), combate (m)	pertempuran	[pɛrtɛmpuran]
ataque (m)	serangan	[sɛraŋan]
assalto (m)	serbuan	[sɛrbuan]
assaltar (vt)	menyerbu	[mɛnjerbu]
assédio, sítio (m)	kepungan	[kɛpuŋan]
ofensiva (f)	serangan	[sɛraŋan]
passar à ofensiva	menyerang	[mɛnjeraŋ]
retirada (f)	pengunduran	[pɛŋunduran]
retirar-se (vr)	berundur	[bɛrundur]
cerco (m)	pengepungan	[pɛŋɛpuŋan]
cercar (vt)	mengepung	[mɛŋɛpuŋ]
bombardeio (m)	pengeboman	[pɛŋɛboman]
lançar uma bomba	menggugurkan bom	[mɛŋgugurkan bom]
bombardear (vt)	mengebom	[mɛŋebom]
explosão (f)	letupan	[lɛtupan]
tiro (m)	tembakan	[tembakan]
disparar um tiro	menembak	[mɛnembak]
tiroteio (m)	penembakan	[pɛnembakan]
apontar para ...	mengacu	[mɛŋatʃu]
apontar (vt)	menghalakan	[mɛŋɣalakan]
acertar (vt)	kena	[kɛna]
afundar (um navio)	menenggelamkan	[mɛnɛŋgɛlamkan]

| brecha (f) | lubang | [lubaŋ] |
| afundar-se (vr) | karam | [karam] |

frente (m)	medan pertempuran	[medan pɛrtɛmpuran]
evacuação (f)	pengungsian	[pɛŋuŋsian]
evacuar (vt)	mengungsikan	[mɛŋuŋsikan]

trincheira (f)	parit pertahanan	[parit pɛrtahanan]
arame (m) farpado	dawai berduri	[davaj bɛrduri]
obstáculo (m) anticarro	rintangan	[rintaŋan]
torre (f) de vigia	menara	[mɛnara]

hospital (m)	hospital	[hospital]
ferir (vt)	mencederakan	[mɛntʃɛdɛrakan]
ferida (f)	cedera	[tʃɛdɛra]
ferido (m)	orang cedera	[oraŋ tʃɛdɛra]
ficar ferido	kena cedera	[kɛna tʃɛdɛra]
grave (ferida ~)	parah	[parah]

113. Guerra. Ações militares. Parte 2

cativeiro (m)	tawanan	[tavanan]
capturar (vt)	menawan	[mɛnavan]
estar em cativeiro	ditahan	[ditahan]
ser aprisionado	tertawan	[tɛrtavan]

campo (m) de concentração	kem tahanan	[kem tahanan]
prisioneiro (m) de guerra	tawanan	[tavanan]
escapar (vi)	melarikan diri	[mɛlarikan diri]

trair (vt)	menghianati	[mɛŋɣianati]
traidor (m)	penghianat	[pɛŋɣianat]
traição (f)	penghianatan	[pɛŋɣianatan]

| fuzilar, executar (vt) | menghukum tembak | [mɛŋɣukum tembak] |
| fuzilamento (m) | hukuman tembak | [hukuman tembak] |

equipamento (m)	pakaian seragam	[pakajan sɛragam]
platina (f)	epolet	[epolet]
máscara (f) antigás	topeng gas	[topeŋ gas]

rádio (m)	pemancar radio	[pɛmantʃar radio]
cifra (f), código (m)	kod	[kod]
conspiração (f)	kerahsian	[kɛrahsian]
senha (f)	kata laluan	[kata laluan]

mina (f)	periuk api	[pɛriuk api]
minar (vt)	memasang periuk api	[mɛmasaŋ pɛriuk api]
campo (m) minado	kawasan periuk api	[kavasan pɛriuk api]

alarme (m) aéreo	semboyan serangan udara	[sɛmbojan sɛraŋan udara]
alarme (m)	amaran bahaya	[amaran bahaja]
sinal (m)	isyarat	[iɕarat]
sinalizador (m)	peluru isyarat	[pɛluru iɕarat]

estado-maior (m)	markas	[markas]
reconhecimento (m)	pengintipan	[pɛɲintipan]
situação (f)	keadaan	[kɛadaan]
relatório (m)	laporan	[laporan]
emboscada (f)	serang hendap	[sɛraŋ hɛndap]
reforço (m)	bala bantuan	[bala bantuan]
alvo (m)	sasaran	[sasaran]
campo (m) de tiro	padang tembak	[padaŋ tembak]
manobras (f pl)	latihan ketenteraan	[latihan kɛtɛntraan]
pânico (m)	panik	[panik]
devastação (f)	keruntuhan	[kɛruntuhan]
ruínas (f pl)	kemusnahan	[kɛmusnahan]
destruir (vt)	memusnahkan	[mɛmusnahkan]
sobreviver (vi)	selamat	[sɛlamat]
desarmar (vt)	melucutkan senjata	[mɛlutʃutkan sɛndʒata]
manusear (vt)	mengendalikan	[mɛŋɛndalikan]
Firmes!	Sedia!	[sɛdija]
Descansar!	Senang diri!	[sɛnaŋ diri]
façanha (f)	perbuatan gagah berani	[pɛrbuatan gagah brani]
juramento (m)	sumpah	[sumpah]
jurar (vi)	bersumpah	[bɛrsumpah]
condecoração (f)	anugerah	[anugrah]
condecorar (vt)	menganugerahi	[mɛŋanugrahi]
medalha (f)	pingat	[piŋat]
ordem (f)	darjah kebesaran	[dardʒah kɛbesaran]
vitória (f)	kemenangan	[kɛmɛnaŋan]
derrota (f)	kekalahan	[kɛkalahan]
armistício (m)	gencatan senjata	[gɛntʃatan sɛndʒata]
bandeira (f)	bendera	[bɛndera]
glória (f)	kemegahan	[kɛmɛgahan]
desfile (m) militar	perarakan	[pɛrarakan]
marchar (vi)	berarak	[bɛrarak]

114. Armas

arma (f)	senjata	[sɛndʒata]
arma (f) de fogo	senjata api	[sɛndʒata api]
arma (f) branca	sejata tajam	[sɛdʒata tadʒam]
arma (f) química	senjata kimia	[sɛndʒata kimia]
nuclear	nuklear	[nuklear]
arma (f) nuclear	senjata nuklear	[sɛndʒata nuklear]
bomba (f)	bom	[bom]
bomba (f) atómica	bom atom	[bom atom]
pistola (f)	pistol	[pistol]

caçadeira (f)	senapang	[sɛnapaŋ]
pistola-metralhadora (f)	submesin gan	[submesin gan]
metralhadora (f)	mesin gan	[mesin gan]
boca (f)	muncung	[muntʃuŋ]
cano (m)	laras	[laras]
calibre (m)	kaliber	[kalibɛr]
gatilho (m)	picu	[pitʃu]
mira (f)	pembidik	[pɛmbidik]
carregador (m)	kelopak peluru	[kɛlopak pɛluru]
coronha (f)	pangkal senapang	[paŋkal sɛnapaŋ]
granada (f) de mão	bom tangan	[bom taŋan]
explosivo (m)	bahan peletup	[bahan pɛlɛtup]
bala (f)	peluru	[pɛluru]
cartucho (m)	kartrij	[kartridʒ]
carga (f)	isi	[isi]
munições (f pl)	amunisi	[amunisi]
bombardeiro (m)	pengebom	[pɛŋebom]
avião (m) de caça	jet pejuang	[dʒet pɛdʒuaŋ]
helicóptero (m)	helikopter	[helikoptɛr]
canhão (m) antiaéreo	meriam penangkis udara	[mɛrjam pɛnaŋkis udara]
tanque (m)	kereta kebal	[kreta kɛbal]
canhão (de um tanque)	meriam kereta kebal	[mɛrjam kreta kɛbal]
artilharia (f)	artileri	[artilɛri]
canhão (m)	meriam	[mɛrjam]
fazer a pontaria	menghalakan	[mɛŋɣalakan]
obus (m)	peluru	[pɛluru]
granada (f) de morteiro	peluru mortar	[pɛluru mortar]
morteiro (m)	mortar	[mortar]
estilhaço (m)	serpihan	[sɛrpihan]
submarino (m)	kapal selam	[kapal sɛlam]
torpedo (m)	torpedo	[torpedo]
míssil (m)	misail	[misajl]
carregar (uma arma)	mengisi	[mɛŋisi]
atirar, disparar (vi)	menembak	[mɛnembak]
apontar para ...	mengacu	[mɛŋatʃu]
baioneta (f)	mata sangkur	[mata saŋkur]
espada (f)	pedang rapier	[pɛdaŋ rapir]
sabre (m)	pedang saber	[pɛdaŋ saber]
lança (f)	tombak	[tombak]
arco (m)	panah	[panah]
flecha (f)	anak panah	[anak panah]
mosquete (m)	senapang lantak	[sɛnapaŋ lantak]
besta (f)	busur silang	[busur silaŋ]

115. Povos da antiguidade

primitivo	primitif	[primitif]
pré-histórico	prasejarah	[prasɛdʒarah]
antigo	kuno	[kuno]
Idade (f) da Pedra	Zaman Batu	[zaman batu]
Idade (f) do Bronze	Zaman Gangsa	[zaman gaŋsa]
período (m) glacial	Zaman Ais	[zaman ajs]
tribo (f)	puak	[puak]
canibal (m)	kanibal	[kanibal]
caçador (m)	pemburu	[pɛmburu]
caçar (vi)	memburu	[mɛmburu]
mamute (m)	mamot	[mamot]
caverna (f)	gua	[gua]
fogo (m)	api	[api]
fogueira (f)	unggun api	[uŋgun api]
pintura (f) rupestre	lukisan gua	[lukisan gua]
ferramenta (f)	alat kerja	[alat kɛrdʒa]
lança (f)	tombak	[tombak]
machado (m) de pedra	kapak batu	[kapak batu]
guerrear (vt)	berperang	[bɛrpraŋ]
domesticar (vt)	menjinak	[mɛndʒinak]
ídolo (m)	berhala	[bɛrhala]
adorar, venerar (vt)	memuja	[mɛmudʒa]
superstição (f)	kepercayaan karut	[kɛpɛrtʃajaan karut]
ritual (m)	upacara	[upatʃara]
evolução (f)	evolusi	[evolusi]
desenvolvimento (m)	perkembangan	[pɛrkɛmbaŋan]
desaparecimento (m)	kehilangan	[kɛhilaŋan]
adaptar-se (vr)	menyesuaikan diri	[mɛnjesuaɪkan diri]
arqueologia (f)	arkeologi	[arkeologi]
arqueólogo (m)	ahli arkeologi	[ahli arkeologi]
arqueológico	arkeologi	[arkeologi]
local (m) das escavações	tapak ekskavasi	[tapak ekskavasi]
escavações (f pl)	ekskavasi	[ekskavasi]
achado (m)	penemuan	[pɛnɛmuan]
fragmento (m)	petikan	[pɛtikan]

116. Idade média

povo (m)	rakyat	[rakjat]
povos (m pl)	bangsa-bangsa	[baŋsa baŋsa]
tribo (f)	puak	[puak]
tribos (f pl)	puak-puak	[puak puak]
bárbaros (m pl)	orang gasar	[oraŋ gasar]

gauleses (m pl)	orang Gaul	[oraŋ gaul]
godos (m pl)	orang Goth	[oraŋ got]
eslavos (m pl)	orang Slavonik	[oraŋ slavonik]
víquingues (m pl)	Viking	[vajkiŋ]
romanos (m pl)	orang Rom	[oraŋ rom]
romano	Rom	[rom]
bizantinos (m pl)	orang Byzantium	[oraŋ bizantium]
Bizâncio	Byzantium	[bizantium]
bizantino	Byzantium	[bizantium]
imperador (m)	maharaja	[maharadʒa]
líder (m)	pemimpin	[pɛmimpin]
poderoso	adi kuasa	[adi kuasa]
rei (m)	raja	[radʒa]
governante (m)	penguasa	[pɛŋwasa]
cavaleiro (m)	kesatria	[ksatria]
senhor feudal (m)	feudal	[feudal]
feudal	feudal	[feudal]
vassalo (m)	vassal	[vasal]
duque (m)	duke	[djuk]
conde (m)	earl	[ørl]
barão (m)	baron	[baron]
bispo (m)	uskup	[uskup]
armadura (f)	baju besi	[badʒu bɛsi]
escudo (m)	perisai	[pɛrisaj]
espada (f)	pedang	[pɛdaŋ]
viseira (f)	vizor	[vizor]
cota (f) de malha	baju zirah	[badʒu zirah]
cruzada (f)	Perang Salib	[praŋ salib]
cruzado (m)	salibi	[salibi]
território (m)	wilayah	[vilajah]
atacar (vt)	menyerang	[mɛnjeraŋ]
conquistar (vt)	menakluki	[mɛnakluki]
ocupar, invadir (vt)	menduduki	[mɛnduduki]
assédio, sítio (m)	kepungan	[kɛpuŋan]
sitiado	terkepung	[tɛrkɛpuŋ]
assediar, sitiar (vt)	mengepung	[mɛŋɛpuŋ]
inquisição (f)	pasitan	[pasitan]
inquisidor (m)	ahli pasitan	[ahli pasitan]
tortura (f)	seksaan	[seksaan]
cruel	kejam	[kɛdʒam]
herege (m)	orang musyrik	[oraŋ muɕrik]
heresia (f)	kemusyrikan	[kɛmuɕrikan]
navegação (f) marítima	pelayaran laut	[pɛlajaran laut]
pirata (m)	lanun	[lanun]
pirataria (f)	kegiatan melanun	[kɛgiatan mɛlanun]

abordagem (f)	penyerbuan	[pɛnjerbuan]
presa (f), butim (m)	penjarahan	[pɛndʒarahan]
tesouros (m pl)	harta khazanah	[harta χazanah]
descobrimento (m)	penemuan	[pɛnɛmuan]
descobrir (novas terras)	menemui	[mɛnɛmui]
expedição (f)	ekspedisi	[ekspedisi]
mosqueteiro (m)	askar senapang lantak	[askar sɛnapaŋ lantak]
cardeal (m)	kardinal	[kardinal]
heráldica (f)	ilmu lambang	[ilmu lambaŋ]
heráldico	heraldik	[heraldik]

117. Líder. Chefe. Autoridades

rei (m)	raja	[radʒa]
rainha (f)	ratu	[ratu]
real	diraja	[diradʒa]
reino (m)	kerajaan	[kɛradʒaan]
príncipe (m)	putera	[putra]
princesa (f)	puteri	[putri]
presidente (m)	presiden	[presiden]
vice-presidente (m)	naib presiden	[naib presiden]
senador (m)	senator	[senator]
monarca (m)	raja	[radʒa]
governante (m)	penguasa	[pɛŋwasa]
ditador (m)	diktator	[diktator]
tirano (m)	pezalim	[pɛzalim]
magnata (m)	taikun	[tajkun]
diretor (m)	pengarah	[pɛŋarah]
chefe (m)	ketua	[kɛtua]
dirigente (m)	pengurus	[pɛŋurus]
patrão (m)	bos	[bos]
dono (m)	pemilik	[pɛmilik]
líder, chefe (m)	pemimpin	[pɛmimpin]
chefe (~ de delegação)	kepala	[kɛpala]
autoridades (f pl)	pihak berkuasa	[pihak bɛrkuasa]
superiores (m pl)	pihak atasan	[pihak atasan]
governador (m)	gabnor	[gabnor]
cônsul (m)	konsul	[konsul]
diplomata (m)	diplomat	[diplomat]
Presidente (m) da Câmara	datuk bandar	[datuk bandar]
xerife (m)	sheriff	[ʃərif]
imperador (m)	maharaja	[maharadʒa]
czar (m)	tsar, raja	[tsar], [radʒa]
faraó (m)	firaun	[firaun]
cã (m)	khan	[χan]

118. Viloação da lei. Criminosos. Parte 1

bandido (m)	samseng	[samsɛŋ]
crime (m)	jenayah	[dʒɛnajah]
criminoso (m)	penjenayah	[pɛndʒɛnajah]
ladrão (m)	pencuri	[pɛntʃuri]
roubar (vt)	mencuri	[mɛntʃuri]
furto, roubo (m)	pencurian	[pɛntʃurian]
raptar (ex. ~ uma criança)	menculik	[mɛntʃulik]
rapto (m)	penculikan	[pɛntʃulikan]
raptor (m)	penculik	[pɛntʃulik]
resgate (m)	wang tebusan	[vaŋ tɛbusan]
pedir resgate	menuntut wang tebusan	[mɛnuntut vaŋ tɛbusan]
roubar (vt)	merampok	[mɛrampok]
assalto, roubo (m)	perampokan	[pɛrampokan]
assaltante (m)	perampok	[pɛrampok]
extorquir (vt)	memeras ugut	[mɛmɛras ugut]
extorsionário (m)	pemeras ugut	[pɛmɛras ugut]
extorsão (f)	peras ugut	[pɛras ugut]
matar, assassinar (vt)	membunuh	[mɛmbunuh]
homicídio (m)	pembunuhan	[pɛmbunuhan]
homicida, assassino (m)	pembunuh	[pɛmbunuh]
tiro (m)	tembakan	[tembakan]
dar um tiro	melepalkan tembakan	[mɛlɛpaskan tembakan]
matar a tiro	menembak mati	[mɛnembak mati]
atirar, disparar (vi)	menembak	[mɛnembak]
tiroteio (m)	penembakan	[pɛnembakan]
incidente (m)	kejadian	[kɛdʒadian]
briga (~ de rua)	perkelahian	[pɛrkɛlahian]
Socorro!	Tolong!	[toloŋ]
vítima (f)	mangsa	[maŋsa]
danificar (vt)	merosak	[mɛrosak]
dano (m)	rugi	[rugi]
cadáver (m)	bangkai	[baŋkaj]
grave	berat	[brat]
atacar (vt)	menyerang	[mɛnjeraŋ]
bater (espancar)	memukul	[mɛmukul]
espancar (vt)	memukul-mukul	[mɛmukul mukul]
tirar, roubar (dinheiro)	merebut	[mɛrɛbut]
esfaquear (vt)	menikam mati	[mɛnikam mati]
mutilar (vt)	mencacatkan	[mɛntʃatʃatkan]
ferir (vt)	mencederakan	[mɛntʃɛdɛrakan]
chantagem (f)	peras ugut	[pɛras ugut]
chantagear (vt)	memeras ugut	[mɛmɛras ugut]

chantagista (m)	pemeras ugut	[pɛmɛras ugut]
extorsão	peras ugut wang	[pɛras ugut vaŋ
(em troca de proteção)	perlindungan	perlinduŋan]
extorsionário (m)	pemeras ugut wang	[pɛmɛras ugut vaŋ
	perlindungan	pɛrlinduŋan]
gângster (m)	gengster	[geŋstɛr]
máfia (f)	mafia	[mafia]

carteirista (m)	penyeluk saku	[pɛnjeluk saku]
assaltante, ladrão (m)	pemecah rumah	[pɛmɛtʃah rumah]
contrabando (m)	penyeludupan	[pɛnjeludupan]
contrabandista (m)	penyeludup	[pɛnjeludup]

falsificação (f)	pemalsuan	[pɛmalsuan]
falsificar (vt)	memalsukan	[mɛmalsukan]
falsificado	palsu	[palsu]

119. Viloação da lei. Criminosos. Parte 2

violação (f)	pemerkosaan	[pɛmɛrkosaan]
violar (vt)	memerkosa	[mɛmɛrkosa]
violador (m)	pemerkosa	[pɛmɛrkosa]
maníaco (m)	maniak	[maniak]

prostituta (f)	pelacur	[pɛlatʃur]
prostituição (f)	pelacuran	[pɛlatʃuran]
chulo (m)	bapa ayam	[bapa ajam]

| toxicodependente (m) | penagih dadah | [pɛnagih dadah] |
| traficante (m) | pengedar dadah | [pɛŋedar dadah] |

explodir (vt)	meletupkan	[mɛlɛtupkan]
explosão (f)	letupan	[lɛtupan]
incendiar (vt)	membakar	[mɛmbakar]
incendiário (m)	pelaku kebakaran	[pɛlaku kɛbakaran]

terrorismo (m)	keganasan	[keganasan]
terrorista (m)	pengganas	[pɛŋganas]
refém (m)	tebusan	[tɛbusan]

enganar (vt)	menipu	[mɛnipu]
engano (m)	penipuan	[pɛnipuan]
vigarista (m)	penipu	[pɛnipu]

subornar (vt)	menyuap	[mɛnjuap]
suborno (atividade)	penyuapan	[pɛnjuapan]
suborno (dinheiro)	suapan	[suapan]

veneno (m)	racun	[ratʃun]
envenenar (vt)	meracuni	[mɛratʃuni]
envenenar-se (vr)	bunuh diri makan racun	[bunuh diri makan ratʃun]

| suicídio (m) | bunuh diri | [bunuh diri] |
| suicida (m) | pembunuh diri | [pɛmbunuh diri] |

ameaçar (vt)	mengugut	[mɛŋugut]
ameaça (f)	ugutan	[ugutan]
atentar contra a vida de ...	mencuba	[mɛntʃuba]
atentado (m)	percubaan membunuh	[pɛrtʃubaan mɛmbunuh]
roubar (o carro)	melarikan	[mɛlarikan]
desviar (o avião)	membajak	[mɛmbadʒak]
vingança (f)	dendam	[dɛndam]
vingar (vt)	mendendam	[mɛndɛndam]
torturar (vt)	menyeksa	[mɛnjeksa]
tortura (f)	seksaan	[seksaan]
atormentar (vt)	menyeksa	[mɛnjeksa]
pirata (m)	lanun	[lanun]
desordeiro (m)	kaki gaduh	[kaki gaduh]
armado	bersenjata	[bɛrsɛndʒata]
violência (f)	kekerasan	[kɛkɛrasan]
ilegal	ilegal	[ilegal]
espionagem (f)	pengintipan	[pɛŋintipan]
espionar (vi)	mengintip	[mɛŋintip]

120. Polícia. Lei. Parte 1

justiça (f)	keadilan	[kɛadilan]
tribunal (m)	mahkamah	[mahkamah]
juiz (m)	hakim	[hakim]
jurados (m pl)	ahli juri	[ahli dʒuri]
tribunal (m) do júri	juri	[dʒuri]
julgar (vt)	mengadili	[mɛŋadili]
advogado (m)	peguam	[pɛguam]
réu (m)	tertuduh	[tɛrtuduh]
banco (m) dos réus	kandang orang tertuduh	[kandaŋ oraŋ tɛrtuduh]
acusação (f)	tuduhan	[tuduhan]
acusado (m)	tertuduh	[tɛrtuduh]
sentença (f)	hukuman	[hukuman]
sentenciar (vt)	menjatuhkan hukuman	[mɛndʒatuhkan hukuman]
culpado (m)	pesalah	[pɛsalah]
punir (vt)	menghukum	[mɛŋɣukum]
punição (f)	hukuman	[hukuman]
multa (f)	denda	[dɛnda]
prisão (f) perpétua	penjara seumur hidup	[pɛndʒara sɛumur hidup]
pena (f) de morte	hukuman mati	[hukuman mati]
cadeira (f) elétrica	kerusi elektrik	[krusi elektrik]
forca (f)	tali gantung	[tali gantuŋ]
executar (vt)	menjalankan hukuman mati	[mɛndʒalaŋkan hukuman mati]

execução (f)	hukuman	[hukuman]
prisão (f)	penjara	[pɛndʒara]
cela (f) de prisão	sel	[sel]
escolta (f)	pengiring	[pɛŋiriŋ]
guarda (m) prisional	warden	[vardɛn]
preso (m)	tahanan	[tahanan]
algemas (f pl)	gari	[gari]
algemar (vt)	mengenakan gari	[mɛŋɛnakan gari]
fuga, evasão (f)	pelarkan	[pɛlarian]
fugir (vi)	melarikan diri	[mɛlarikan diri]
desaparecer (vi)	hilang	[hilaŋ]
soltar, libertar (vt)	melepaskan	[mɛlɛpaskan]
amnistia (f)	pengampunan	[pɛŋampunan]
polícia (instituição)	polis	[polis]
polícia (m)	anggota polis	[aŋgota polis]
esquadra (f) de polícia	balai polis	[balaj polis]
cassetete (m)	belantan getah	[bɛlantan gɛtah]
megafone (m)	corong suara	[tʃoroŋ suara]
carro (m) de patrulha	kereta peronda	[kreta pɛronda]
sirene (f)	siren	[sirɛn]
ligar a sirene	menghidupkan siren	[mɛŋɣidupkan sirɛn]
toque (m) da sirene	bunyi penggera	[bunji pɛŋgera]
cena (f) do crime	tempat kelakuan jenayah	[tɛmpat kɛlakuan dʒɛnajah]
testemunha (f)	saksi	[saksi]
liberdade (f)	kebebasan	[kɛbɛbasan]
cúmplice (m)	subahat	[subahat]
escapar (vi)	melarikan diri	[mɛlarikan diri]
traço (não deixar ~s)	jejak	[dʒɛdʒak]

121. Polícia. Lei. Parte 2

procura (f)	pencarian	[pɛntʃarian]
procurar (vt)	mencari	[mɛntʃari]
suspeita (f)	kecurigaan	[kɛtʃurigaan]
suspeito	mencurigakan	[mɛntʃurigakan]
parar (vt)	menghentikan	[mɛŋɣɛntikan]
deter (vt)	menahan	[mɛnahan]
caso (criminal)	kes	[kes]
investigação (f)	siasatan	[siasatan]
detetive (m)	mata-mata gelap	[mata mata gɛlap]
investigador (m)	penyiasat	[pɛnjiasat]
versão (f)	versi	[vɛrsi]
motivo (m)	motif	[motif]
interrogatório (m)	soal siasat	[soal siasat]
interrogar (vt)	menyoal siasat	[mɛnjoal siasat]
questionar (vt)	menyoal selidik	[mɛnjoal sɛlidik]

verificação (f)	pemeriksaan	[pɛmɛriksaan]
batida (f) policial	penyergapan	[pɛnjergapan]
busca (f)	penggeledahan	[pɛŋgɛledahan]
perseguição (f)	pemburuan	[pɛmburuan]
perseguir (vt)	mengejar	[mɛɲɛdʒar]
seguir (vt)	mengesan	[mɛɲɛsan]
prisão (f)	penahanan	[pɛnahanan]
prender (vt)	menahan	[mɛnahan]
pegar, capturar (vt)	menangkap	[mɛnaŋkap]
captura (f)	penangkapan	[pɛnaŋkapan]
documento (m)	bokumen	[bokumen]
prova (f)	bukti	[bukti]
provar (vt)	membukti	[mɛmbukti]
pegada (f)	jejak	[dʒɛdʒak]
impressões (f pl) digitais	cap jari	[tʃap dʒari]
prova (f)	bukti	[bukti]
álibi (m)	alibi	[alibi]
inocente	tidak bersalah	[tidak bɛrsalah]
injustiça (f)	ketidakadilan	[kɛtidakadilan]
injusto	tidak adil	[tidak adil]
criminal	jenayah	[dʒɛnajah]
confiscar (vt)	menyita	[mɛnjita]
droga (f)	najis dadah	[nadʒis dadah]
arma (f)	senjata	[sɛndʒata]
desarmar (vt)	melucutkan senjata	[mɛlutʃutkan sɛndʒata]
ordenar (vt)	memerintah	[mɛmɛrintah]
desaparecer (vi)	hilang	[hilaŋ]
lei (f)	undang-undang	[undaŋ undaŋ]
legal	sah	[sah]
ilegal	tidak sah	[tidak sah]
responsabilidade (f)	tanggungjawab	[taŋguŋdʒavab]
responsável	bertanggungjawab	[bɛrtaŋguŋdʒavab]

NATUREZA

A Terra. Parte 1

122. Espaço sideral

cosmos (m)	angkasa lepas	[aŋkasa lɛpas]
cósmico	angkasa lepas	[aŋkasa lɛpas]
espaço (m) cósmico	ruang angkasa lepas	[ruaŋ aŋkasa lɛpas]
mundo (m)	dunia	[dunia]
universo (m)	alam semesta	[alam sɛmɛsta]
galáxia (f)	Bimasakti	[bimasakti]
estrela (f)	bintang	[bintaŋ]
constelação (f)	gugusan bintang	[gugusan bintaŋ]
planeta (m)	planet	[planet]
satélite (m)	satelit	[satɛlit]
meteorito (m)	meteorit	[meteorit]
cometa (m)	komet	[komet]
asteroide (m)	asteroid	[asteroid]
órbita (f)	edaran, orbit	[edaran], [orbit]
girar (vi)	berputar	[bɛrputar]
atmosfera (f)	udara	[udara]
Sol (m)	Matahari	[matahari]
Sistema (m) Solar	tata surya	[tata surja]
eclipse (m) solar	gerhana matahari	[gɛrhana matahari]
Terra (f)	Bumi	[bumi]
Lua (f)	Bulan	[bulan]
Marte (m)	Marikh	[mariχ]
Vénus (f)	Zuhrah	[zuhrah]
Júpiter (m)	Musytari	[muʃtari]
Saturno (m)	Zuhal	[zuhal]
Mercúrio (m)	Utarid	[utarid]
Urano (m)	Uranus	[uranus]
Neptuno (m)	Waruna	[varuna]
Plutão (m)	Pluto	[pluto]
Via Láctea (f)	Bima Sakti	[bima sakti]
Ursa Maior (f)	Bintang Biduk	[bintaŋ biduk]
Estrela Polar (f)	Bintang Utara	[bintaŋ utara]
marciano (m)	makhluk dari Marikh	[mahluk dari marih]
extraterrestre (m)	makhluk ruang angkasa	[maχluk ruaŋ aŋkasa]

alienígena (m)	makhluk asing	[mahluk asiŋ]
disco (m) voador	piring terbang	[piriŋ tɛrbaŋ]
nave (f) espacial	kapal angkasa lepas	[kapal aŋkasa lɛpas]
estação (f) orbital	stesen orbit angkasa	[stesen orbit aŋkasa]
lançamento (m)	pelancaran	[pɛlantʃaran]
motor (m)	enjin	[endʒin]
bocal (m)	muncung	[muntʃuŋ]
combustível (m)	bahan bakar	[bahan bakar]
cabine (f)	kokpit	[kokpit]
antena (f)	aerial	[aerial]
vigia (f)	tingkap kapal	[tiŋkap kapal]
bateria (f) solar	sel surya	[sel surja]
traje (m) espacial	pakaian angkasawan	[pakajan aŋkasavan]
imponderabilidade (f)	keadaan graviti sifar	[kɛadaan graviti sifar]
oxigénio (m)	oksigen	[oksigɛn]
acoplagem (f)	percantuman	[pɛrtʃantuman]
fazer uma acoplagem	melakukan cantuman	[mɛlakukan tʃantuman]
observatório (m)	balai cerap	[baiaj tʃɛrap]
telescópio (m)	teleskop	[teleskop]
observar (vt)	menyaksikan	[mɛnjaksikan]
explorar (vt)	menjelajahi	[mɛndʒɛladʒahi]

123. A Terra

Terra (f)	Bumi	[bumi]
globo terrestre (Terra)	bola Bumi	[bola bumi]
planeta (m)	planet	[planet]
atmosfera (f)	udara	[udara]
geografia (f)	geografi	[geografi]
natureza (f)	alam	[alam]
globo (mapa esférico)	glob	[glob]
mapa (m)	peta	[pɛta]
atlas (m)	atlas	[atlas]
Europa (f)	Eropah	[eropa]
Ásia (f)	Asia	[asia]
África (f)	Afrika	[afrika]
Austrália (f)	Australia	[australia]
América (f)	Amerika	[amerika]
América (f) do Norte	Amerika Utara	[amerika utara]
América (f) do Sul	Amerika Selatan	[amerika sɛlatan]
Antártida (f)	Antartika	[antartika]
Ártico (m)	Artik	[artik]

124. Pontos cardeais

norte (m)	utara	[utara]
para norte	ke utara	[kɛ utara]
no norte	di utara	[di utara]
do norte	utara	[utara]
sul (m)	selatan	[sɛlatan]
para sul	ke selatan	[kɛ sɛlatan]
no sul	di selatan	[di sɛlatan]
do sul	selatan	[sɛlatan]
oeste, ocidente (m)	barat	[barat]
para oeste	ke barat	[kɛ barat]
no oeste	di barat	[di barat]
ocidental	barat	[barat]
leste, oriente (m)	timur	[timur]
para leste	ke timur	[kɛ timur]
no leste	di timur	[di timur]
oriental	timur	[timur]

125. Mar. Oceano

mar (m)	laut	[laut]
oceano (m)	lautan	[lautan]
golfo (m)	teluk	[tɛluk]
estreito (m)	selat	[sɛlat]
terra (f) firme	daratan	[daratan]
continente (m)	benua	[bɛnua]
ilha (f)	pulau	[pulau]
península (f)	semenanjung	[sɛmɛnandʒuŋ]
arquipélago (m)	kepulauan	[kɛpulawan]
baía (f)	teluk	[tɛluk]
porto (m)	pelabuhan	[pɛlabuhan]
lagoa (f)	lagun	[lagun]
cabo (m)	tanjung	[tandʒuŋ]
atol (m)	pulau cincin	[pulau tʃintʃin]
recife (m)	terumbu	[tɛrumbu]
coral (m)	karang	[karaŋ]
recife (m) de coral	terumbu karang	[tɛrumbu karaŋ]
profundo	dalam	[dalam]
profundidade (f)	kedalaman	[kɛdalaman]
abismo (m)	jurang	[dʒuraŋ]
fossa (f) oceânica	jurang	[dʒuraŋ]
corrente (f)	arus	[arus]
banhar (vt)	bersempadan	[bɛrsɛmpadan]

| litoral (m) | pantai | [pantaj] |
| costa (f) | pantai | [pantaj] |

maré (f) alta	air pasang	[air pasaŋ]
refluxo (m), maré (f) baixa	air surut	[air surut]
restinga (f)	beting	[bɛtiŋ]
fundo (m)	dasar	[dasar]

onda (f)	gelombang	[gɛlombaŋ]
crista (f) da onda	puncak gelombang	[puntʃak gɛlombaŋ]
espuma (f)	buih	[buih]

tempestade (f)	badai	[badaj]
furacão (m)	badai, taufan	[badaj], [taufan]
tsunami (m)	tsunami	[tsunami]
calmaria (f)	angin mati	[aŋin mati]
calmo	tenang	[tɛnaŋ]

| polo (m) | khutub | [χutub] |
| polar | polar | [polar] |

latitude (f)	garisan lintang	[garisan lintaŋ]
longitude (f)	garisan bujur	[garisan budʒur]
paralela (f)	garisan latitud	[garisan latitud]
equador (m)	khatulistiwa	[χatulistiva]

céu (m)	langit	[laŋit]
horizonte (m)	kaki langit	[kaki laŋit]
ar (m)	udara	[udara]

farol (m)	rumah api	[rumah api]
mergulhar (vi)	menyelam	[mɛnjelam]
afundar-se (vr)	karam	[karam]
tesouros (m pl)	harta karun	[harta karun]

126. Nomes de Mares e Oceanos

Oceano (m) Atlântico	Lautan Atlantik	[lautan atlantik]
Oceano (m) Índico	Lautan Hindia	[lautan hindia]
Oceano (m) Pacífico	Lautan Teduh	[lautan tɛduh]
Oceano (m) Ártico	Lautan Arktik	[lautan arktik]

Mar (m) Negro	Laut Hitam	[laut hitam]
Mar (m) Vermelho	Laut Merah	[laut merah]
Mar (m) Amarelo	Laut Kuning	[laut kuniŋ]
Mar (m) Branco	Laut Putih	[laut putih]

Mar (m) Cáspio	Laut Caspian	[laut kaspian]
Mar (m) Morto	Laut Mati	[laut mati]
Mar (m) Mediterrâneo	Laut Tengah	[laut tɛŋah]

Mar (m) Egeu	Laut Aegean	[laut idʒian]
Mar (m) Adriático	Laut Adriatik	[laut adriatik]
Mar (m) Arábico	Laut Arab	[laut arab]

Mar (m) do Japão	Laut Jepun	[laut dʒepun]
Mar (m) de Bering	Laut Bering	[laut beriŋ]
Mar (m) da China Meridional	Laut Cina Selatan	[laut tʃina sɛlatan]

Mar (m) de Coral	Laut Coral	[laut koral]
Mar (m) de Tasman	Laut Tasmania	[laut tasmania]
Mar (m) do Caribe	Laut Caribbean	[laut karibean]

| Mar (m) de Barents | Laut Barents | [laut barents] |
| Mar (m) de Kara | Laut Kara | [laut kara] |

Mar (m) do Norte	Laut Utara	[laut utara]
Mar (m) Báltico	Laut Baltik	[laut baltik]
Mar (m) da Noruega	Laut Norway	[laut norvej]

127. Montanhas

montanha (f)	gunung	[gunuŋ]
cordilheira (f)	banjaran gunung	[bandʒaran gunuŋ]
serra (f)	rabung gunung	[rabuŋ gunuŋ]

cume (m)	puncak	[puntʃak]
pico (m)	puncak	[puntʃak]
sopé (m)	kaki	[kaki]
declive (m)	cerun	[tʃɛrun]

vulcão (m)	gunung berapi	[gunuŋ bɛrapi]
vulcão (m) ativo	gunung berapi hidup	[gunuŋ bɛrapi hidup]
vulcão (m) extinto	gunung api yang tidak aktif	[gunuŋ api jaŋ tidak aktif]

erupção (f)	letusan	[lɛtusan]
cratera (f)	kawah	[kavah]
magma (m)	magma	[magma]
lava (f)	lahar	[lahar]
fundido (lava ~a)	pijar	[pidʒar]

desfiladeiro (m)	kanyon	[kanjon]
garganta (f)	jurang	[dʒuraŋ]
fenda (f)	krevis	[krevis]
precipício (m)	jurang	[dʒuraŋ]

passo, colo (m)	genting	[gɛntiŋ]
planalto (m)	penara	[pɛnara]
falésia (f)	cenuram	[tʃɛnuram]
colina (f)	bukit	[bukit]

glaciar (m)	glasier	[glasier]
queda (f) d'água	air terjun	[air tɛrdʒun]
géiser (m)	pancutan air panas	[pantʃutan air panas]
lago (m)	tasik	[tasik]

planície (f)	dataran	[dataran]
paisagem (f)	pemandangan	[pɛmandaŋan]
eco (m)	kumandang	[kumandaŋ]

alpinista (m)   pendaki gunung   [pɛndaki gunuŋ]
escalador (m)   pendaki batu   [pɛndaki batu]
conquistar (vt)   menaklukkan   [mɛnaklukkan]
subida, escalada (f)   pendakian   [pɛndakian]

128. Nomes de montanhas

Alpes (m pl)   Alps   [alps]
monte Branco (m)   Mont Blanc   [mont blaŋk]
Pirineus (m pl)   Pyrenees   [pirinis]

Cárpatos (m pl)   Pegunungan Carpathia   [pɛgunuŋan karpatia]
montes (m pl) Urais   Pegunungan Ural   [pɛgunuŋan ural]
Cáucaso (m)   Kaukasia   [kaukasia]
Elbrus (m)   Elbrus   [elbrus]

Altai (m)   Altai   [altaj]
Tian Shan (m)   Tien Shan   [tien ʃan]
Pamir (m)   Pamir   [pamir]
Himalaias (m pl)   Himalaya   [himalaja]
monte (m) Everest   Everest   [everest]

Cordilheira (f) dos Andes   Andes   [andes]
Kilimanjaro (m)   Kilimanjaro   [kilimandʒaro]

129. Rios

rio (m)   sungai   [suŋaj]
fonte, nascente (f)   mata air   [mata air]
leito (m) do rio   dasar sungai   [dasar suŋaj]
bacia (f)   lembah sungai   [lɛmbah suŋaj]
desaguar no ...   bermuara   [bɛrmuara]

afluente (m)   anak sungai   [anak suŋaj]
margem (do rio)   tepi   [tepi]

corrente (f)   arus   [arus]
rio abaixo   ke hilir   [kɛ hilir]
rio acima   ke hulu   [kɛ hulu]

inundação (f)   banjir   [bandʒir]
cheia (f)   air bah   [air bah]
transbordar (vi)   meluap   [mɛluap]
inundar (vt)   menggenangi   [mɛŋgɛnaŋi]

banco (m) de areia   beting   [bɛtiŋ]
rápidos (m pl)   jeram   [dʒɛram]

barragem (f)   empangan   [ɛmpaŋan]
canal (m)   terusan   [tɛrusan]
reservatório (m) de água   takungan   [takuŋan]
eclusa (f)   pintu air   [pintu air]

corpo (m) de água	kolam	[kolam]
pântano (m)	bencah	[bɛntʃah]
tremedal (m)	paya	[paja]
remoinho (m)	pusaran air	[pusaran air]
arroio, regato (m)	anak sungai	[anak suŋaj]
potável	minum	[minum]
doce (água)	tawar	[tavar]
gelo (m)	ais	[ajs]
congelar-se (vr)	membeku	[mɛmbɛku]

130. Nomes de rios

rio Sena (m)	Seine	[sɛn]
rio Loire (m)	Loire	[luar]
rio Tamisa (m)	Thames	[tɛms]
rio Reno (m)	Rhine	[rajn]
rio Danúbio (m)	Danube	[danub]
rio Volga (m)	Volga	[volga]
rio Don (m)	Don	[don]
rio Lena (m)	Lena	[lena]
rio Amarelo (m)	Hwang Ho	[hvaŋ ho]
rio Yangtzé (m)	Yangtze	[jaŋtze]
rio Mekong (m)	Mekong	[mekoŋ]
rio Ganges (m)	Ganges	[gandʒis]
rio Nilo (m)	sungai Nil	[suŋaj nil]
rio Congo (m)	Congo	[koŋo]
rio Cubango (m)	Okavango	[okavaŋo]
rio Zambeze (m)	Zambezi	[zambezi]
rio Limpopo (m)	Limpopo	[limpopo]
rio Mississípi (m)	Mississippi	[misisipi]

131. Floresta

floresta (f), bosque (m)	hutan	[hutan]
florestal	hutan	[hutan]
mata (f) cerrada	hutan lebat	[hutan lɛbat]
arvoredo (m)	hutan kecil	[hutan kɛtʃil]
clareira (f)	cerang	[tʃɛraŋ]
matagal (m)	belukar	[bɛlukar]
mato (m)	pokok renek	[pokok renek]
vereda (f)	jalan setapak	[dʒalan sɛtapak]
ravina (f)	gaung	[gauŋ]
árvore (f)	pokok	[pokok]

| folha (f) | daun | [daun] |
| folhagem (f) | daun-daunan | [daun daunan] |

queda (f) das folhas	daun luruh	[daun luruh]
cair (vi)	gugur	[gugur]
topo (m)	puncak	[puntʃak]

ramo (m)	cabang	[tʃabaŋ]
galho (m)	dahan	[dahan]
botão, rebento (m)	mata tunas	[mata tunas]
agulha (f)	jejarum	[dʒɛdʒarum]
pinha (f)	buah konifer	[buah konifer]

buraco (m) de árvore	lubang	[lubaŋ]
ninho (m)	sarang	[saraŋ]
toca (f)	lubang	[lubaŋ]

tronco (m)	batang	[bataŋ]
raiz (f)	akar	[akar]
casca (f) de árvore	kulit	[kulit]
musgo (m)	lumut	[lumut]

arrancar pela raiz	mencabut	[mɛntʃabut]
cortar (vt)	menebang	[mɛnɛbaŋ]
desflorestar (vt)	membasmi hutan	[mɛmbasmi hutan]
toco, cepo (m)	tunggul	[tuŋgul]

fogueira (f)	unggun api	[uŋgun api]
incêndio (m) florestal	kebakaran	[kɛbakaran]
apagar (vt)	memadamkan	[mɛmadamkan]

guarda-florestal (m)	renjer hutan	[rendʒɛr hutan]
proteção (f)	perlindungan	[pɛrlinduŋan]
proteger (a natureza)	melindungi	[mɛlinduŋi]
caçador (m) furtivo	penebang haram	[pɛnɛbaŋ haram]
armadilha (f)	perangkap	[praŋkap]

| colher (cogumelos, bagas) | memetik | [mɛmɛtik] |
| perder-se (vr) | sesat jalan | [sɛsat dʒalan] |

132. Recursos naturais

recursos (m pl) naturais	kekayaan alam	[kɛkajaan alam]
minerais (m pl)	galian	[galian]
depósitos (m pl)	mendapan	[mɛndapan]
jazida (f)	lapangan	[lapaŋan]

extrair (vt)	melombong	[mɛlomboŋ]
extração (f)	perlombongan	[pɛrlomboŋan]
minério (m)	bijih	[bidʒih]
mina (f)	lombong	[lomboŋ]
poço (m) de mina	lombong	[lomboŋ]
mineiro (m)	buruh lombong	[buruh lomboŋ]
gás (m)	gas	[gas]

gasoduto (m)	talian paip gas	[talian pajp gas]
petróleo (m)	minyak	[minjak]
oleoduto (m)	saluran paip minyak	[saluran paɪp minjak]
poço (m) de petróleo	telaga minyak	[tɛlaga minjak]
torre (f) petrolífera	menara minyak	[mɛnara minjak]
petroleiro (m)	kapal tangki	[kapal taŋki]
areia (f)	pasir	[pasir]
calcário (m)	kapur	[kapur]
cascalho (m)	kerikil	[kɛrikil]
turfa (f)	gambut	[gambut]
argila (f)	tanah liat	[tanah liat]
carvão (m)	arang	[araŋ]
ferro (m)	besi	[bɛsi]
ouro (m)	emas	[ɛmas]
prata (f)	perak	[perak]
níquel (m)	nikel	[nikɛl]
cobre (m)	tembaga	[tɛmbaga]
zinco (m)	zink	[ziŋk]
manganês (m)	mangan	[maɲan]
mercúrio (m)	air raksa	[air raksa]
chumbo (m)	timah hitam	[timah hitam]
mineral (m)	galian	[galian]
cristal (m)	hablur	[hablur]
mármore (m)	pualam	[pualam]
urânio (m)	uranium	[uranium]

A Terra. Parte 2

133. Tempo

tempo (m)	cuaca	[tʃuatʃa]
previsão (f) do tempo	ramalan cuaca	[ramalan tʃuatʃa]
temperatura (f)	suhu	[suhu]
termómetro (m)	termometer	[tɛrmometɛr]
barómetro (m)	barometer	[barometɛr]
húmido	lembap	[lɛmbap]
humidade (f)	kelembapan	[kɛlɛmbapan]
calor (m)	panas terik	[panas tɛrik]
cálido	panas terik	[panas tɛrik]
está muito calor	panas	[panas]
está calor	panas	[panas]
quente	hangat	[haŋat]
está frio	cuaca sejuk	[tʃuatʃa sɛdʒuk]
frio	sejuk	[sɛdʒuk]
sol (m)	matahari	[matahari]
brilhar (vi)	bersinar	[bɛrsinar]
de sol, ensolarado	cerah	[tʃɛrah]
nascer (vi)	terbit	[tɛrbit]
pôr-se (vr)	duduk	[duduk]
nuvem (f)	awan	[avan]
nublado	berawan	[bɛravan]
nuvem (f) preta	awan mendung	[avan mɛnduŋ]
escuro, cinzento	mendung	[mɛnduŋ]
chuva (f)	hujan	[hudʒan]
está a chover	hujan turun	[hudʒan turun]
chuvoso	hujan	[hudʒan]
chuviscar (vi)	renyai-renyai	[rɛnjai rɛnjai]
chuva (f) torrencial	hujan lebat	[hudʒan lɛbat]
chuvada (f)	hujan lebat	[hudʒan lɛbat]
forte (chuva)	lebat	[lɛbat]
poça (f)	lopak	[lopak]
molhar-se (vr)	kebasahan	[kɛbasahan]
nevoeiro (m)	kabus	[kabus]
de nevoeiro	berkabus	[bɛrkabus]
neve (f)	salji	[saldʒi]
está a nevar	salji turun	[saldʒi turun]

134. Tempo extremo. Catástrofes naturais

trovoada (f)	hujan ribut	[hudʒan ribut]
relâmpago (m)	kilat	[kilat]
relampejar (vi)	berkilau	[bɛrkilau]
trovão (m)	guruh	[guruh]
trovejar (vi)	bergemuruh	[bɛrgɛmuruh]
está a trovejar	guruh berbunyi	[guruh bɛrbunji]
granizo (m)	hujan batu	[hudʒan batu]
está a cair granizo	hujan batu turun	[hudʒan batu turun]
inundar (vt)	menggenangi	[mɛŋgɛnaŋi]
inundação (f)	banjir	[bandʒir]
terremoto (m)	gempa bumi	[gɛmpa bumi]
abalo, tremor (m)	gegaran	[gɛgaran]
epicentro (m)	titik	[titik]
erupção (f)	letusan	[lɛtusan]
lava (f)	lahar	[lahar]
turbilhão (m)	puting beliung	[putiŋ bɛliuŋ]
tornado (m)	tornado	[tornado]
tufão (m)	taufan	[taufan]
furacão (m)	badai, taufan	[badaj], [taufan]
tempestade (f)	badai	[badaj]
tsunami (m)	tsunami	[tsunami]
ciclone (m)	siklon	[siklon]
mau tempo (m)	cuaca buruk	[tʃuatʃa buruk]
incêndio (m)	kebakaran	[kɛbakaran]
catástrofe (f)	bencana	[bɛntʃana]
meteorito (m)	meteorit	[meteorit]
avalanche (f)	runtuhan	[runtuhan]
deslizamento (m) de neve	salji runtuh	[saldʒi runtuh]
nevasca (f)	badai salji	[badaj saldʒi]
tempestade (f) de neve	ribut salji	[ribut saldʒi]

Fauna

135. Mamíferos. Predadores

predador (m)	pemangsa	[pɛmaŋsa]
tigre (m)	harimau	[harimau]
leão (m)	singa	[siŋa]
lobo (m)	serigala	[srigala]
raposa (f)	rubah	[rubah]
jaguar (m)	jaguar	[dʒaguar]
leopardo (m)	harimau akar	[harimau akar]
chita (f)	harimau bintang	[harimau bintaŋ]
pantera (f)	harimau kumbang	[harimau kumbaŋ]
puma (m)	puma	[puma]
leopardo-das-neves (m)	harimau bintang salji	[harimau bintaŋ saldʒi]
lince (m)	lynx	[liŋks]
coiote (m)	koyote	[kojot]
chacal (m)	jakal	[dʒakal]
hiena (f)	dubuk	[dubuk]

136. Animais selvagens

animal (m)	binatang	[binataŋ]
besta (f)	binatang liar	[binataŋ liar]
esquilo (m)	tupai	[tupaj]
ouriço (m)	landak susu	[landak susu]
lebre (f)	kelinci	[kɛlintʃi]
coelho (m)	arnab	[arnab]
texugo (m)	telugu	[tɛlugu]
guaxinim (m)	rakun	[rakun]
hamster (m)	hamster	[hamster]
marmota (f)	marmot	[marmot]
toupeira (f)	tikus tanah	[tikus tanah]
rato (m)	mencit	[mɛntʃit]
ratazana (f)	tikus mondok	[tikus mondok]
morcego (m)	kelawar	[kɛlavar]
arminho (m)	ermin	[ermin]
zibelina (f)	sable	[sable]
marta (f)	marten	[marten]
doninha (f)	wesel	[vesel]
vison (m)	mink	[miŋk]

castor (m)	beaver	[biver]
lontra (f)	memerang	[mɛmɛraŋ]
cavalo (m)	kuda	[kuda]
alce (m)	rusa elk	[rusa elk]
veado (m)	rusa	[rusa]
camelo (m)	unta	[unta]
bisão (m)	bison	[bison]
auroque (m)	aurochs	[oroks]
búfalo (m)	kerbau	[kɛrbau]
zebra (f)	kuda belang	[kuda bɛlaŋ]
antílope (m)	antelop	[antelop]
corça (f)	kijang	[kidʒaŋ]
gamo (m)	rusa	[rusa]
camurça (f)	chamois	[ʃɛmva]
javali (m)	babi hutan jantan	[babi hutan dʒantan]
baleia (f)	ikan paus	[ikan paus]
foca (f)	anjing laut	[andʒiŋ laut]
morsa (f)	walrus	[valrus]
urso-marinho (m)	anjing laut berbulu	[andʒiŋ laut bɛrbulu]
golfinho (m)	lumba-lumba	[lumba lumba]
urso (m)	beruang	[bɛruaŋ]
urso (m) branco	beruang kutub	[bɛruaŋ kutub]
panda (m)	panda	[panda]
macaco (em geral)	monyet	[monjet]
chimpanzé (m)	cimpanzi	[tʃimpanzi]
orangotango (m)	orang hutan	[oraŋ hutan]
gorila (m)	gorila	[gorila]
macaco (m)	kera	[kra]
gibão (m)	ungka	[uŋka]
elefante (m)	gajah	[gadʒah]
rinoceronte (m)	badak	[badak]
girafa (f)	zirafah	[zirafah]
hipopótamo (m)	kuda air	[kuda air]
canguru (m)	kanggaru	[kaŋgaru]
coala (m)	koala	[koala]
mangusto (m)	cerpelai	[tʃɛrpelaj]
chinchila (m)	chinchilla	[tʃintʃilla]
doninha-fedorenta (f)	skunk	[skuŋk]
porco-espinho (m)	landak	[landak]

137. Animais domésticos

gata (f)	kucing betina	[kutʃiŋ bɛtina]
gato (m) macho	kucing jantan	[kutʃiŋ dʒantan]
cão (m)	anjing	[andʒiŋ]

cavalo (m)	kuda	[kuda]
garanhão (m)	kuda jantan	[kuda dʒantan]
égua (f)	kuda betina	[kuda bɛtina]
vaca (f)	lembu	[lɛmbu]
touro (m)	lembu jantan	[lɛmbu dʒantan]
boi (m)	lembu jantan	[lɛmbu dʒantan]
ovelha (f)	kambing biri-biri	[kambiŋ biri biri]
carneiro (m)	biri-biri jantan	[biri biri dʒantan]
cabra (f)	kambing betina	[kambiŋ bɛtina]
bode (m)	kambing jantan	[kambiŋ dʒantan]
burro (m)	keldai	[kɛldaj]
mula (f)	baghal	[baɣal]
porco (m)	babi	[babi]
leitão (m)	anak babi	[anak babi]
coelho (m)	arnab	[arnab]
galinha (f)	ayam	[ajam]
galo (m)	ayam jantan	[ajam dʒantan]
pata (f)	itik	[itik]
pato (macho)	itik jantan	[itik dʒantan]
ganso (m)	angsa	[aŋsa]
peru (m)	ayam belanda jantan	[ajam blanda dʒantan]
perua (f)	ayam belanda betina	[ajam blanda bɛtina]
animais (m pl) domésticos	binatang ternakan	[binataŋ tɛrnakan]
domesticado	jinak	[dʒinak]
domesticar (vt)	menjinak	[mɛndʒinak]
criar (vt)	memelihara	[mɛmɛlihara]
quinta (f)	ladang, estet	[ladaŋ], [estet]
aves (f pl) domésticas	ayam-itik	[ajam itik]
gado (m)	ternakan	[tɛrnakan]
rebanho (m), manada (f)	kawanan	[kavanan]
estábulo (m)	kandang kuda	[kandaŋ kuda]
pocilga (f)	kandang babi	[kandaŋ babi]
estábulo (m)	kandang lembu	[kandaŋ lɛmbu]
coelheira (f)	sangkar arnab	[saŋkar arnab]
galinheiro (m)	kandang ayam	[kandaŋ ajam]

138. Pássaros

pássaro (m), ave (f)	burung	[buruŋ]
pombo (m)	burung merpati	[buruŋ mɛrpati]
pardal (m)	burung pipit	[buruŋ pipit]
chapim-real (m)	burung tit	[buruŋ tit]
pega-rabuda (f)	murai	[muraj]
corvo (m)	burung raven	[buruŋ raven]

gralha (f) cinzenta	burung gagak	[buruŋ gagak]
gralha-de-nuca-cinzenta (f)	burung jackdaw	[buruŋ dʒɛkdo]
gralha-calva (f)	burung rook	[buruŋ ruk]
pato (m)	itik	[itik]
ganso (m)	angsa	[aŋsa]
faisão (m)	burung kuang	[buruŋ kuaŋ]
águia (f)	helang	[hɛlaŋ]
açor (m)	burung helang	[buruŋ hɛlaŋ]
falcão (m)	burung falcon	[buruŋ falkon]
abutre (m)	hering	[hɛriŋ]
condor (m)	kondor	[kondor]
cisne (m)	swan	[svon]
grou (m)	burung jenjang	[buruŋ dʒɛndʒaŋ]
cegonha (f)	burung botak	[buruŋ botak]
papagaio (m)	burung nuri	[buruŋ nuri]
beija-flor (m)	burung madu	[buruŋ madu]
pavão (m)	burung merak	[buruŋ mɛrak]
avestruz (m)	burung unta	[buruŋ unta]
garça (f)	burung pucung	[buruŋ putʃuŋ]
flamingo (m)	burung flamingo	[buruŋ flamiŋo]
pelicano (m)	burung undan	[buruŋ undan]
rouxinol (m)	burung merbah	[buruŋ mɛrbah]
andorinha (f)	burung layang-layang	[buruŋ lajaŋ lajaŋ]
tordo-zornal (m)	burung murai	[buruŋ muraj]
tordo-músico (m)	burung song thrush	[buruŋ soŋ traʃ]
melro-preto (m)	burung hitam	[buruŋ hitam]
andorinhão (m)	burung walet	[buruŋ valet]
cotovia (f)	seri ayu	[sri aju]
codorna (f)	burung puyuh	[buruŋ pujuh]
pica-pau (m)	burung belatuk	[buruŋ bɛlatuk]
cuco (m)	sewah padang	[sɛvah padaŋ]
coruja (f)	burung hantu	[buruŋ hantu]
corujão, bufo (m)	burung jampok	[buruŋ dʒampok]
tetraz-grande (m)	wood grouse	[vud graus]
tetraz-lira (m)	grouse hitam	[graus hitam]
perdiz-cinzenta (f)	ayam hutan	[ajam hutan]
estorninho (m)	burung starling	[buruŋ starliŋ]
canário (m)	burung kenari	[buruŋ kɛnari]
galinha-do-mato (f)	burung hazel grouse	[buruŋ hazel graus]
tentilhão (m)	burung chaffinch	[buruŋ tʃafintʃ]
dom-fafe (m)	burung bullfinch	[buruŋ bulfintʃ]
gaivota (f)	burung camar	[buruŋ tʃamar]
albatroz (m)	albatros	[albatros]
pinguim (m)	penguin	[pɛŋuin]

139. Peixes. Animais marinhos

brema (f)	ikan bream	[ikan brim]
carpa (f)	ikan kap	[ikan kap]
perca (f)	ikan puyu	[ikan puju]
siluro (m)	ikan keli	[ikan kli]
lúcio (m)	ikan paik	[ikan pajk]
salmão (m)	salmon	[salmon]
esturjão (m)	ikan sturgeon	[ikan sturgeon]
arenque (m)	ikan hering	[ikan hɛriŋ]
salmão (m)	salmon Atlantik	[salmon atlantik]
cavala, sarda (f)	ikan tenggiri	[ikan tɛŋgiri]
solha (f)	ikan sebelah	[ikan sɛblah]
lúcio perca (m)	ikan zander	[ikan zander]
bacalhau (m)	ikan kod	[ikan kod]
atum (m)	tuna	[tuna]
truta (f)	ikan trout	[ikan trout]
enguia (f)	ikan belut	[ikan bɛlut]
raia elétrica (f)	ikan pari elektrik	[ikan pari ɛlektrik]
moreia (f)	ikan moray eel	[ikan morej il]
piranha (f)	pirana	[pirana]
tubarão (m)	jerung	[dʒɛruŋ]
golfinho (m)	lumba-lumba	[lumba lumba]
baleia (f)	ikan paus	[ikan paus]
caranguejo (m)	ketam	[kɛtam]
medusa, alforreca (f)	ubur-ubur	[ubur ubur]
polvo (m)	sotong kurita	[sotoŋ kurita]
estrela-do-mar (f)	tapak sulaiman	[tapak sulajman]
ouriço-do-mar (m)	landak laut	[landak laut]
cavalo-marinho (m)	kuda laut	[kuda laut]
ostra (f)	tiram	[tiram]
camarão (m)	udang	[udaŋ]
lavagante (m)	udang karang	[udaŋ karaŋ]
lagosta (f)	udang krai	[udaŋ kraj]

140. Amfíbios. Répteis

serpente, cobra (f)	ular	[ular]
venenoso	beracun	[bɛratʃun]
víbora (f)	ular beludak	[ular bɛludak]
cobra-capelo, naja (f)	kobra	[kobra]
pitão (m)	ular sawa	[ular sava]
jiboia (f)	ular boa	[ular boa]
cobra-de-água (f)	ular cincin emas	[ular tʃintʃin ɛmas]

cascavel (f)	ular orok-orok	[ular orok orok]
anaconda (f)	ular anaconda	[ular anakonda]

lagarto (m)	cicak	[tʃitʃak]
iguana (f)	iguana	[iguana]
varano (m)	biawak	[biavak]
salamandra (f)	salamander	[salamandɛr]
camaleão (m)	sumpah-sumpah	[sumpah sumpah]
escorpião (m)	kala jengking	[kala dʒɛŋkiŋ]

tartaruga (f)	kura-kura	[kura kura]
rã (f)	katak	[katak]
sapo (m)	katak puru	[katak puru]
crocodilo (m)	buaya	[buaja]

141. Insetos

inseto (m)	serangga	[sɛraŋga]
borboleta (f)	rama-rama	[rama rama]
formiga (f)	semut	[sɛmut]
mosca (f)	lalat	[lalat]
mosquito (m)	nyamuk	[njamuk]
escaravelho (m)	kumbang	[kumbaŋ]

vespa (f)	penyengat	[pɛnjeŋat]
abelha (f)	lebah	[lɛbah]
mamangava (f)	kumbang	[kumbaŋ]
moscardo (m)	lalat kerbau	[lalat kɛrbau]

aranha (f)	labah-labah	[labah labah]
teia (f) de aranha	sarang labah-labah	[saraŋ labah labah]

libélula (f)	pepatung	[pɛpatuŋ]
gafanhoto-do-campo (m)	belalang	[bɛlalaŋ]
traça (f)	kupu-kupu	[kupu kupu]

barata (f)	lipas	[lipas]
carraça (f)	cengkenit	[tʃeŋkɛnit]
pulga (f)	pinjal	[pindʒal]
borrachudo (m)	agas	[agas]

gafanhoto (m)	belalang juta	[bɛlalaŋ dʒuta]
caracol (m)	siput	[siput]
grilo (m)	cengkerik	[tʃeŋkrik]
pirilampo (m)	kelip-kelip	[klip klip]
joaninha (f)	kumbang kura-Kura	[kumbaŋ kura kura]
besouro (m)	kumbang kabai	[kumbaŋ kabaj]

sanguessuga (f)	lintah	[lintah]
lagarta (f)	ulat bulu	[ulat bulu]
minhoca (f)	cacing	[tʃatʃiŋ]
larva (f)	larva	[larva]

Flora

142. Árvores

árvore (f)	pokok	[pokok]
decídua	daun luruh	[daun luruh]
conífera	konifer	[konifer]
perene	malar hijau	[malar hiʤau]
macieira (f)	pokok epal	[pokok epal]
pereira (f)	pokok pear	[pokok pɛar]
cerejeira (f)	pokok ceri manis	[pokok ʧeri manis]
ginjeira (f)	pokok ceri	[pokok ʧeri]
ameixeira (f)	pokok plam	[pokok plam]
bétula (f)	pokok birch	[pokok 'bøʧ]
carvalho (m)	oak	[ouk]
tília (f)	pokok linden	[pokok linden]
choupo-tremedor (m)	pokok aspen	[pokok aspen]
bordo (m)	pokok mapel	[pokok mapel]
espruce-europeu (m)	pokok fir	[pokok fir]
pinheiro (m)	pokok pain	[pokok pajn]
alerce, lariço (m)	pokok larch	[pokok larʧ]
abeto (m)	fir	[fir]
cedro (m)	pokok cedar	[pokok sidɛr]
choupo, álamo (m)	pokok poplar	[pokok poplar]
tramazeira (f)	pokok rowan	[pokok rovan]
salgueiro (m)	pokok willow	[pokok villou]
amieiro (m)	pokok alder	[pokok alder]
faia (f)	pokok bic	[pokok biʧ]
ulmeiro (m)	pokok elm	[pokok ɛlm]
freixo (m)	pokok abu	[pokok abu]
castanheiro (m)	berangan	[bɛraŋan]
magnólia (f)	magnolia	[magnolia]
palmeira (f)	palma	[palma]
cipreste (m)	pokok cipres	[pokok ʧipres]
mangue (m)	bakau	[bakau]
embondeiro, baobá (m)	baobab	[baobab]
eucalipto (m)	eukaliptus	[ɛukaliptus]
sequoia (f)	sequoia	[sekuoja]

143. Arbustos

arbusto (m)	pokok	[pokok]
arbusto (m), moita (f)	pokok renek	[pokok renek]

| videira (f) | pokok anggur | [pokok aŋgur] |
| vinhedo (m) | kebun anggur | [qbun aŋgur] |

framboeseira (f)	pokok raspberi	[pokok rasberi]
groselheira-preta (f)	pokok beri hitam	[pokok kismis hitam]
groselheira-vermelha (f)	pokok kismis merah	[pokok kismis merah]
groselheira (f) espinhosa	pokok gusberi	[pokok gusberi]

acácia (f)	pokok akasia	[pokok akasia]
bérberis (f)	pokok barberi	[pokok barberi]
jasmim (m)	melati	[m'lati]

junípero (m)	pokok juniper	[pokok dʒuniper]
roseira (f)	pokok mawar	[pokok mavar]
roseira (f) brava	brayer	[brajer]

144. Frutos. Bagas

| fruta (f) | buah | [buah] |
| frutas (f pl) | buah-buahan | [buah buahan] |

maçã (f)	epal	[epal]
pera (f)	buah pear	[buah pear]
ameixa (f)	plam	[plam]

morango (m)	strawberi	[stroberi]
ginja (f)	buah ceri	[buah tʃeri]
cereja (f)	ceri manis	[tʃeri manis]
uva (f)	anggur	[aŋgur]

framboesa (f)	raspberi	[rasberi]
groselha (f) preta	beri hitam	[beri hitam]
groselha (f) vermelha	buah kismis merah	[buah kismis merah]
groselha (f) espinhosa	buah gusberi	[buah gusberi]
oxicoco (m)	kranberi	[kranberi]

laranja (f)	jeruk manis	[dʒeruk manis]
tangerina (f)	limau mandarin	[limau mandarin]
ananás (m)	nanas	[nanas]
banana (f)	pisang	[pisaŋ]
tâmara (f)	buah kurma	[buah kurma]

limão (m)	lemon	[lemon]
damasco (m)	aprikot	[aprikot]
pêssego (m)	pic	[pitʃ]

| kiwi (m) | kiwi | [kivi] |
| toranja (f) | limau gedang | [limau gɛdaŋ] |

baga (f)	buah beri	[buah beri]
bagas (f pl)	buah-buah beri	[buah buah beri]
arando (m) vermelho	cowberry	[kauberi]
morango-silvestre (m)	strawberi	[stroberi]
mirtilo (m)	buah bilberi	[buah bilberi]

145. Flores. Plantas

flor (f)	bunga	[buŋa]
ramo (m) de flores	jambak bunga	[dʒambak buŋa]
rosa (f)	mawar	[mavar]
tulipa (f)	tulip	[tulip]
cravo (m)	bunga teluki	[buŋa tɛluki]
gladíolo (m)	bunga gladiola	[buŋa gladiola]
centáurea (f)	bunga butang	[buŋa butaŋ]
campânula (f)	bunga loceng	[buŋa lotʃɛŋ]
dente-de-leão (m)	dandelion	[dandelion]
camomila (f)	bunga camomile	[buŋa kɛmomajl]
aloé (m)	lidah buaya	[lidah buaja]
cato (m)	kaktus	[kaktus]
fícus (m)	pokok ara	[pokok ara]
lírio (m)	bunga lili	[buŋa lili]
gerânio (m)	geranium	[geranium]
jacinto (m)	bunga lembayung	[buŋa lɛmbajuŋ]
mimosa (f)	bunga semalu	[buŋa sɛmalu]
narciso (m)	bunga narsisus	[buŋa narsisus]
capuchinha (f)	bunga nasturtium	[buŋa nasturtium]
orquídea (f)	anggerik, okid	[aŋgrik], [okid]
peónia (f)	bunga peony	[buŋa peoni]
violeta (f)	bunga violet	[buŋa violet]
amor-perfeito (m)	bunga pansy	[buŋa pɛnsi]
não-me-esqueças (m)	bunga jangan lupakan daku	[buŋa dʒaŋan lupakan daku]
margarida (f)	bunga daisi	[buŋa dajsi]
papoula (f)	bunga popi	[buŋa popi]
cânhamo (m)	hem	[hem]
hortelã (f)	mint	[mint]
lírio-do-vale (m)	lili lembah	[lili lɛmbah]
campânula-branca (f)	bunga titisan salji	[buŋa titisan saldʒi]
urtiga (f)	netel	[netel]
azeda (f)	sorrel	[sorel]
nenúfar (m)	bunga telepok	[buŋa tɛlepok]
feto (m), samambaia (f)	paku-pakis	[paku pakis]
líquen (m)	liken	[liken]
estufa (f)	rumah hijau	[rumah hidʒau]
relvado (m)	lon	[lon]
canteiro (m) de flores	batas bunga	[batas buŋa]
planta (f)	tumbuhan	[tumbuhan]
erva (f)	rumput	[rumput]
folha (f) de erva	sehelai rumput	[sɛhelaj rumput]

folha (f)	daun	[daun]
pétala (f)	kelopak	[kɛlopak]
talo (m)	batang	[bataŋ]
tubérculo (m)	ubi	[ubi]
broto, rebento (m)	tunas	[tunas]
espinho (m)	duri	[duri]
florescer (vi)	berbunga	[bɛrbuŋa]
murchar (vi)	layu	[laju]
cheiro (m)	bau	[bau]
cortar (flores)	memotong	[mɛmotoŋ]
colher (uma flor)	memetik	[mɛmɛtik]

146. Cereais, grãos

grão (m)	biji-bijian	[bidʒi bidʒian]
cereais (plantas)	padi-padian	[padi padian]
espiga (f)	bulir	[bulir]
trigo (m)	gandum	[gandum]
centeio (m)	rai	[raj]
aveia (f)	oat	[oat]
milho-miúdo (m)	sekoi	[sɛkoj]
cevada (f)	barli	[barli]
milho (m)	jagung	[dʒaguŋ]
arroz (m)	beras	[bras]
trigo-sarraceno (m)	bakwit	[bakvit]
ervilha (f)	kacang sepat	[katʃaŋ sɛpat]
feijão (m)	kacang buncis	[katʃaŋ buntʃis]
soja (f)	kacang soya	[katʃaŋ soja]
lentilha (f)	kacang lentil	[katʃaŋ lentil]
fava (f)	kacang	[katʃaŋ]

PAÍSES. NACIONALIDADES

147. Europa Ocidental

Europa (f)	Eropah	[eropa]
União (f) Europeia	Kesatuan Eropah	[kesatuan eropa]
Áustria (f)	Austria	[ostria]
Grã-Bretanha (f)	Great Britain	[grejt britɛn]
Inglaterra (f)	Inggeris	[iŋgris]
Bélgica (f)	Belgium	[beldʒem]
Alemanha (f)	Jerman	[dʒerman]
Países (m pl) Baixos	Belanda	[blanda]
Holanda (f)	Belanda	[blanda]
Grécia (f)	Greece	[gris]
Dinamarca (f)	Denmark	[denmark]
Irlanda (f)	Ireland	[ajɛlɛnd]
Islândia (f)	Iceland	[ajslɛnd]
Espanha (f)	Sepanyol	[spanjol]
Itália (f)	Itali	[itali]
Chipre (m)	Cyprus	[sajprɛs]
Malta (f)	Malta	[malta]
Noruega (f)	Norway	[norvej]
Portugal (m)	Portugal	[portugal]
Finlândia (f)	Finland	[finlɛnd]
França (f)	Perancis	[prantʃis]
Suécia (f)	Sweden	[svidɛn]
Suíça (f)	Switzerland	[svizelɛnd]
Escócia (f)	Scotland	[skotlɛnd]
Vaticano (m)	Vatican	[vɛtiken]
Liechtenstein (m)	Liechtenstein	[lihtenstajn]
Luxemburgo (m)	Luxembourg	[laksemburg]
Mónaco (m)	Monaco	[monekou]

148. Europa Central e de Leste

Albânia (f)	Albania	[albania]
Bulgária (f)	Bulgaria	[bulgaria]
Hungria (f)	Hungary	[haŋɛri]
Letónia (f)	Latvia	[latvia]
Lituânia (f)	Lithuania	[lituania]
Polónia (f)	Poland	[polɛnd]

Roménia (f)	Romania	[romania]
Sérvia (f)	Serbia	[serbia]
Eslováquia (f)	Slovakia	[slovakia]
Croácia (f)	Croatia	[krouɛjʃa]
República (f) Checa	Republik Czech	[republik tʃeh]
Estónia (f)	Estonia	[estonia]
Bósnia e Herzegovina (f)	Bosnia-Herzegovina	[bosnia hɛttsigovina]
Macedónia (f)	Macedonia	[masedonia]
Eslovénia (f)	Slovenia	[slovenia]
Montenegro (m)	Montenegro	[montenegro]

149. Países da ex-URSS

Azerbaijão (m)	Azerbaijan	[azerbajdʒan]
Arménia (f)	Armenia	[armenia]
Bielorrússia (f)	Belarus	[belarus]
Geórgia (f)	Georgia	[dʒodʒia]
Cazaquistão (m)	Kazakhstan	[kazahstan]
Quirguistão (m)	Kirgizia	[kirgizia]
Moldávia (f)	Moldavia	[moldavija]
Rússia (f)	Rusia	[rusia]
Ucrânia (f)	Ukraine	[jukrejn]
Tajiquistão (m)	Tajikistan	[tadʒikistan]
Turquemenistão (m)	Turkmenistan	[turkmenistan]
Uzbequistão (f)	Uzbekistan	[uzbekistan]

150. Asia

Ásia (f)	Asia	[asia]
Vietname (m)	Vietnam	[vjetnam]
Índia (f)	India	[india]
Israel (m)	Israel	[izrael]
China (f)	China	[tʃina]
Líbano (m)	Lubnan	[lubnan]
Mongólia (f)	Mongolia	[moŋolia]
Malásia (f)	Malaysia	[malajsia]
Paquistão (m)	Pakistan	[pakistan]
Arábia (f) Saudita	Saudi Arabia	[saudi arabia]
Tailândia (f)	Thailand	[tailand]
Taiwan (m)	Taiwan	[tajvan]
Turquia (f)	Turki	[turki]
Japão (m)	Jepun	[dʒepun]
Afeganistão (m)	Afghanistan	[afɣanistan]
Bangladesh (m)	Bangladesh	[baŋladeʃ]

Indonésia (f)	Indonesia	[indonesia]
Jordânia (f)	Jordan	[dʒodɛn]
Iraque (m)	Iraq	[irak]
Irão (m)	Iran	[iran]
Camboja (f)	Kemboja	[kembodʒa]
Kuwait (m)	Kuwait	[kuvejt]
Laos (m)	Laos	[laos]
Myanmar (m), Birmânia (f)	Myanmar	[mjanmar]
Nepal (m)	Nepal	[nepal]
Emirados Árabes Unidos	Emiriah Arab Bersatu	[ɛmiria arab bɛrsatu]
Síria (f)	Syria	[siria]
Palestina (f)	Palestine	[palestin]
Coreia do Sul (f)	Korea Selatan	[korea sɛlatan]
Coreia do Norte (f)	Korea Utara	[korea utara]

151. América do Norte

Estados Unidos da América	Amerika Syarikat	[amerika çarikat]
Canadá (m)	Kanada	[kanada]
México (m)	Mexico	[mɛksiko]

152. América Central do Sul

Argentina (f)	Argentina	[argentina]
Brasil (m)	Brazil	[brazil]
Colômbia (f)	Colombia	[kolombia]
Cuba (f)	Cuba	[kjuba]
Chile (m)	Chile	[tʃili]
Bolívia (f)	Bolivia	[bolivia]
Venezuela (f)	Venezuela	[venezuela]
Paraguai (m)	Paraguay	[paraguaj]
Peru (m)	Peru	[peru]
Suriname (m)	Suriname	[surinam]
Uruguai (m)	Uruguay	[uruguaj]
Equador (m)	Ecuador	[ɛkuador]
Bahamas (f pl)	Kepulauan Bahamas	[kɛpulawan bahamas]
Haiti (m)	Haiti	[hejiti]
República (f) Dominicana	Republik Dominika	[republik dominika]
Panamá (m)	Panama	[panama]
Jamaica (f)	Jamaica	[dʒamajka]

153. Africa

Egito (m)	Mesir	[mɛsir]
Marrocos	Maghribi	[maɣribi]

Tunísia (f)	Tunisia	[tunisia]
Gana (f)	Ghana	[ɣana]
Zanzibar (m)	Zanzibar	[zanzibar]
Quénia (f)	Kenya	[kenia]
Líbia (f)	Libya	[libia]
Madagáscar (m)	Madagascar	[madagaskar]
Namíbia (f)	Namibia	[namibia]
Senegal (m)	Senegal	[senegal]
Tanzânia (f)	Tanzania	[tanzania]
África do Sul (f)	Afrika Selatan	[afrika sɛlatan]

154. Austrália. Oceania

Austrália (f)	Australia	[australia]
Nova Zelândia (f)	New Zealand	[nju zilɛnd]
Tasmânia (f)	Tasmania	[tasmania]
Polinésia Francesa (f)	Polinesia Perancis	[polinesia prantʃis]

155. Cidades

Amesterdão	Amsterdam	[amsterdam]
Ancara	Ankara	[aŋkara]
Atenas	Athens	[ɛtinz]
Bagdade	Baghdad	[baɣdad]
Banguecoque	Bangkok	[baŋkok]
Barcelona	Barcelona	[barselona]
Beirute	Beirut	[bejrut]
Berlim	Berlin	[berlin]
Bombaim	Mumbai	[mumbaj]
Bona	Bonn	[bon]
Bordéus	Bordeaux	[bordo]
Bratislava	Bratislava	[bratislava]
Bruxelas	Brussels	[brasels]
Bucareste	Bucharest	[bukarest]
Budapeste	Budapest	[budapest]
Cairo	Kaherah	[kaherah]
Calcutá	Kolkata	[kolkata]
Chicago	Chicago	[tʃikago]
Cidade do México	Mexico City	[meksiko siti]
Copenhaga	Copenhagen	[koupinhejgen]
Dar es Salaam	Dar-es-Salam	[dar es salam]
Deli	Delhi	[deli]
Dubai	Dubai	[dubaj]
Dublin, Dublim	Dublin	[dablin]
Düsseldorf	Düsseldorf	[djusseldorf]
Estocolmo	Stockholm	[stoχolm]

Florença	Florence	[florens]
Frankfurt	Frankfurt	[fraŋkfurt]
Genebra	Geneva	[dʒiniva]
Haia	The Hague	[hejg]
Hamburgo	Hamburg	[hamburg]
Hanói	Hanoi	[hanoj]
Havana	Havana	[havana]
Helsínquia	Helsinki	[helsiŋki]
Hiroshima	Hiroshima	[hiroʃima]
Hong Kong	Hong Kong	[hoŋ koŋ]
Istambul	Istanbul	[istanbul]
Jerusalém	Baitulmuqaddis	[bajtulmukadis]
Kiev	Kiev	[kiev]
Kuala Lumpur	Kuala Lumpur	[kuala lumpur]
Lisboa	Lisbon	[lisbon]
Londres	London	[landon]
Los Angeles	Los Angeles	[los andʒiliz]
Lion	Lyons	[lion]
Madrid	Madrid	[madrid]
Marselha	Marseille	[marsɛ]
Miami	Miami	[majami]
Montreal	Montréal	[montriol]
Moscovo	Moscow	[moskou]
Munique	Munich	[mjunik]
Nairóbi	Nairobi	[najrobi]
Nápoles	Naples	[nɛjplz]
Nice	Nice	[nis]
Nova York	New York	[nju jork]
Oslo	Oslo	[oslo]
Ottawa	Ottawa	[otava]
Paris	Paris	[pɛris]
Pequim	Beijing	[bejdʒiŋ]
Praga	Prague	[prag]
Rio de Janeiro	Rio de Janeiro	[rio de dʒanejro]
Roma	Rome	[roum]
São Petersburgo	Saint Petersburg	[sejnt pitersburg]
Seul	Seoul	[seul]
Singapura	Singapura	[siŋapura]
Sydney	Sydney	[sidni]
Taipé	Taipei	[tajpej]
Tóquio	Tokyo	[tokio]
Toronto	Toronto	[toronto]
Varsóvia	Warsaw	[varso]
Veneza	Venice	[venis]
Viena	Vienna	[viena]
Washington	Washington	[vaʃinton]
Xangai	Shanghai	[ʃaŋɣaj]

www.ingramcontent.com/pod-product-compliance
Lightning Source LLC
Chambersburg PA
CBHW070603050426
42450CB00011B/2963